इसे फिर से सुनिए

(कविता-संग्रह)

गंगा डिस्ट्रीब्यूटर्स

21-ए, दरियागंज, नई दिल्ली-110002

इसे फिर से सुनिए

जसबीर चावला

ISBN: 81-88717-38-8

गंगा डिस्ट्रीब्यूटर्स
21-ए, दरियागंज, नई दिल्ली-110002
द्वारा प्रकाशित

संस्करण : 2005

आवरण : वाणी चित्रांकन

जय भारत प्रिंटर्स, दिल्ली-110032
द्वारा मुद्रित

मूल्य : 200.00

ISE PHIR SE SUNIYE (Poems)
by : Jasbir Chawla
गंगा डिस्ट्रीब्यूटर्स, वाणी प्रकाशन की सहयोगी संस्था

निर्मल वर्मा
एवं
अमृता प्रीतम
की पुण्य स्मृति
को समर्पित

अनुक्रम

दो शब्द

कक्षा नौ से केंद्रीय विद्यालय, पानागड़ (पश्चिम बंगाल) के रमन हाउस में हिंदी शिक्षकों द्वारा प्रोत्साहित कविता लिखने-सुनाने का सिलसिला जो शुरू हुआ तो फिर रुका नहीं। चाहे इंजीनियरिंग करता रहा चाहे प्रबंधन, कविता हर कहीं आस-पास से जुड़ती रही और मैं लिखता रहा, सुनाता रहा- आकाशवाणी तथा दूरदर्शन केंद्रों से भी और अंतरंग गोष्ठियों में भी। कारखानों में काम करता रहा तो वहाँ उच्च तापमानों, गर्मी, धुआँ-धूल और कर्मठ जिजीविषा ने कलम को जीवंत रखा और मजदूरों को उनकी कविताएँ सुनाता रहा। शोध-कार्यों में, विद्यार्थियों में रहा अथवा कहीं अकेला भी रहा तो भी जो लिखता, सुनाता रहा। धीरे-धीरे यह क्रम दिन-चर्या का अभिन्न अंग बन गया।

समाचार-वाचक अगर लड़खड़ा कर "क्षमा करें, इसे फिर से सुनिए" कहता है तो खबर को ठीक कर सही अर्थ संप्रेषित करने के लिए; परंतु वही कवि यदि फिर से सुनाता है तो नया अर्थ खोलने के लिए। प्रस्तुत कविता-संग्रह से भी यही अपेक्षा है। सुधी पाठक ही बता सकेंगे; अस्तु।

जसबीर चावला

इसे फिर सुनिए

उन्होंने मिलावट करनेवालों को बेनकाब करने का भार
आकाशवाणी सुननेवालों को दे दिया है
और देश की खाल उधेड़नेवालों पर
अस्सी घोड़ों की बोस्की, संघाई शूटों
और ईरानी शाल ओढ़ाने का ठेका भी।

संविधान के माहिरों को देखा है
हर साल उन्हें नयी उपाधियों
और तगमों का हार पहनाने को
खास संस्थाओं-विश्वविद्यालयों को लाइसेंस दे रखा है।

इसे फिर से सुनिए
कि बेरोजगारों को अपना रोजगार
नए वाले बीस सूत्री कार्यक्रम में
कम कीमत पर मिल रहा है;
इसके चालू रहते-रहते
दो अरब रुपया किताबों की इबारत में आ गया।
पर जनसंख्या की रोकथाम में नाकामयाब
लूपों की धोखाधड़ी की वजह से
नवयुवकों को रोजगार चुनने में
बड़ी अड़चनें सामने आईं!

पुलिस के चौकन्ना और सही हो जाने पर

हत्याओं-डकैतियों, जुआ-दलाली, नकली शराब
और दो नम्बरी धन्धों में लगे
करोड़ों लोगों के बेरोजगार हो जाने का खतरा
कौन मोल लेता है?
सो उनके शानदार चार साल पूरे हुए!
इसे फिर से सुनिए
कि देश शान्ति के लिए संघर्ष में नम्बर वन हो गया
बिनाका टॉप पे चल रहा है
और प्रजातन्त्र की आखिरी पायदान पर
प्रतिभा प्रतिष्ठान के काले पैसे का
नंगा ताण्डव चल रहा है!

देश की अखण्डता कायम करने के लिए
गुरुओं के मठों से विदेशी अस्त्रों का व्यापार हो रहा है!
सच्ची बात कहनेवाले उनके ही दुश्मन नहीं
देश के गद्दार हैं, धर्मस्थलों में छुपे।
अन्दरूनी गड़बड़ घोटाला सरहद पर खतरा बज रहा है!
इसे फिर से सुनिए कि
हमारी सच्ची विदेश नीति और दोस्ताना ताल्लुकातों की चर्चा
हर मुल्क गा रहा है
जिससे सुरक्षा पर होनेवाला खर्चा
तिगुना होता जा रहा है!

अनाज रिकार्डतोड़ पैदा हो रहा है
पर आयात से ज्यादा कमीशन आ रहा है
देशी उद्योग ठप्प पर नुकसान न सोचिए
यह भी देखिए कि विश्व बैंक का कर्जा
नया औद्योगिक विकास खा रहा है
देश का कन्धा तकनीकी दौड़ में
कन्धा महाशक्तियों से मिला रहा है!
इसे फिर से सुनिए कि
मैदानी इलाकों का तापमान शून्य को नीचे गिरा रहा है

शीतलहरी के दौर में उत्तर प्रदेश का गाँव
राजधानी ठिठुरा रहा है!
प्रगति प्रमाण-पत्र राष्ट्रीय प्रसारण
रंगीन टीवी पर दिखा रहा है!

बेहुला

थोड़ी देर के लिए हम अपने बरामदों में खड़े होते हैं
बेहुला उसी तरह विलाप करती बही जा रही है
लखिन्दर की लाश पर
सूरज तो जैसा उगता है खैर उगेगा ही।

केले की नाव पर अब कोई विश्वास
लम्बा सफर नहीं करता
न कच्चे घड़ों पर दरिया पार
न अपनी आस्थाओं को इजाजत देते हैं
ऐसा करने की
अधिक से अधिक इन अनुष्ठानों का
भीड़ भुनाई और ठेका दुकानों में इस्तेमाल होता है!

थोड़ी देर के लिए हम अपने बरामदों में खड़े होते हैं
किसी ने आज तक वक्त के खिलाफ शिकायत नहीं की
पृथ्वी निर्जीव है
फिर भी घूमती है
सूरज को मजबूर करती है
प्रवासी चिड़ियों को घर लौटाती है।
मौसमों को एक हफ्ता पहले नोटिस देती है
समन्दरों को दफन कर डालती है!

थोड़ी देर झाँक भी लें नीचे अपनी गैलरियों से—

झण्डी लगी लाशों पर मछलियाँ नहीं टूटतीं?
न गिद्धें?

विलाप चलता रहता है
औरतें उन मर्द मुर्दा जिस्मों को जिलाने
हैरतअंगेज़ यात्राओं पर निकल पड़ती हैं
साँपों के ज़हर यमराज की मुट्ठियाँ कस डालते हैं
पर आत्माएँ फिर आती हैं अपने बगीचों में
फिर हम महलों का निर्माण करते हैं।

थोड़ी देर के लिए बरामदों में खड़े होते हैं :
जिन्दगी क्रूर है
इसे पृथ्वी के हवाले किया जा सकता है!

बस में किताब-बिक्री

विश्व में ऐसा कौन-सा पक्षी है
हाथी जैसे विशाल जानवर को
पंखों में ले उड़ता है?

देखिए! विश्व में ऐसा कौन-सा पौधा है
आदमी की तरह बोलता
उखाड़ते ही बच्चे की तरह रोता है?

भारत में मिलता है पेड़
जिसकी जड़ तो हवा में है
जमीन से उखड़ता है।

और देखिए! विश्व में ऐसी कौन-सी महिला है
जिसकी खुराक आग है
और ऐसा कौन-सा देश है
जहाँ अखबार कपड़े पर छपता है?
ध्यान दीजिए, यह इक्कीसवीं सदी का सामान्य ज्ञान है

विश्व में ऐसा कौन-सा मुलुक है
जहाँ दो राष्ट्रपति शासन करते हैं
कहाँ इन्सान भूसा खाते
मवेशी सोना चरते हैं?

विश्व में ऐसा कौन-सा मुख्यमन्त्री है
जिसकी दाढ़ी बनाते गद्दी चली गई
और गद्दी बनाते बीवी चली गई

ऐसा कौन-सा मानव है
जिसकी मूँछें चन्दन वन से लिपट गईं
देखिए हमारे पास ऐसी किताबें हैं
हिन्दी में बच्चों को अँग्रेजी रटाने की
जिससे अँग्रेजी देखने-सुनने टीपने की जानकारी होगी
घर बैठे दुनिया से दुकानदारी होगी
यह लीजिए, बड़े-बड़े ग्रन्थों का निचोड़
सिर्फ दो रुपए में
मनोरंजन भी, ज्ञान भी।
बड़े-बड़े रोग लाइलाज
घरेलू नुस्खों से ठीक
जड़ से ठीक
कीमत सिर्फ दो रुपया,
दो रुपया एक, दो रुपया दो
आया भाई साहब, बस एक मिनट
बस दो रुपया...दो रुपया!
और बोलिएगा भाई साहब
माताजी...बहनजी!
लीजिए, बस छूटने वाली है
खेल-खेल में बहुत कुछ
सीख...
टाइम पास!

अपनी बात

मुझे किस चीज का दुःख...?
देखो न, दीवार पर सूरज ने छाप दी है
आड़ी-खड़ी हू-ब-हू वही ग्रिल
और रौशनी के स्लैब्स से भरपूर
पूरी की पूरी खिड़की।
मेरे फेफड़ों में भी
आत्मा के प्रकाश से बनते वैसे दायरे
आड़े....खड़े
मुझे किस बात का अफसोस...?
    सुबह की हवा ने कुछ बरगद के पेड़
    पहुँचाए हैं जाली से, घनी छाँववाले
    कमरे में
    वैसे ही मेरे दिल पर छाए हैं
    विशाल विषधर के फन
    बालक नानक-सा सोया है मन।
    मेरी मूँछों में घुसकर किरणें
    अन्दर के मार्तण्ड पर पर्दे नहीं खींच सकतीं
    बकरी की चमड़ी-मढ़ा खिलौना
    तभी डुगडुगाएगा
    जब उँगलियाँ उसकी डंडी पर
    राई दानों को नचाएँगी।
मैं क्या बोलूँगा...?
    पक्षी कहीं उड़ जाते हैं

और कलरव वहीं जड़ा रहता है
लकड़ी कारखाने की चारपाइयों-गिर्द।
दतुअन करता प्रभात कितनी देर का
मेहमान रहता है?
आईना चेहरा पढ़ सकता है
उम्र कदाचित नहीं
उसे तो आदमी पैदा होते ही भुतहे कमरे में लिटा आता है
जिधर जाने से वह बच्चों को डराता रहता है
और खुद को भी।
कहते हैं सिर्फ आत्मा है
जो पानी में भी नहीं डूबता
मुझे किस उम्मीद का डर...?

बासन्ती भोर

अँधेरा फटा
मटर की छीमी-सा।
छिटक कर भारी एक दाना
गिरा आकाश की थाली में।
        सुबह फिसला रही अपनी उँगलियाँ कोमल
        अँधेरे की दो फाँक छाती पर
लुढ़क रही छोटी-छोटी बूँदों में ओस
        फूल और पत्तियों पर
        उलझता गुलाब डाली में।
रँगने लगा दाना स्याही की टिकिया-सा
हर छोर पूरबी आकाश का
सोखने लगे मेघ हौले-हौले
भीगा आँचल पवन का
        रश्मियाँ छनती जाली में।

वर्दियाँ

सड़कों को दो-फाड़ करती
लौह-छड़ों की पंक्तियों पर
पहले वे उलटी टँगी थीं
        धड़ एक तरफ,
        ऊपरला हिस्सा एक तरफ।
रात तक वे फीतों-सज
उन्हीं पर आ बैठी हैं
        उनके हाथ
        एक-एक तुतुहरी है।

जादू

उसने कहा—मेरे पास जादुई छड़ी नहीं है
कि रातों-रात सब ठीक कर दूँ
    वह जादू दिखाने लगा
    बिना छड़ी
सब उल्टा-पुल्टा होने लगा
दिनों-दिन
    लोगों की समझ के बाहर
    कल्पना के परे हैरतअंगेज़।

पागल बादल

एक टुकड़ा बादल
    पागल था?
बरसा बर्फ बस पर
कुछ खिड़कियों के बाहर
    मिनट-भर
      चल दिया!
चारों ओर धूप थी
    सरसों-सी फूली
खेतों-सी सड़कों पर फैली
    यातायात उसी तरह
      चल रहा।
प्रवासी था बादल?
    चिड़ियों से छूटा
    रास्ता भटक
    भरतपुर छोड़
    दिल्ली आ उतरा।

विश्व सुन्दरी

अपनी सही लेन चुनी उसने
और सावधान भी रही वह
रास्ते के संकेतों से
अनिच्छा से नहीं करवाए उसने गर्भपात
जिनके बहुत ही गुप्त और आसान होने के बावजूद
चेहरे पर छप गए निशान
जिस तरह पेड़ के गर्भ में
अंकित हो जाती हैं एक-केन्द्रीय त्रिज्याएँ।

कुछ नहीं बचा उसके पास
न अपना एक भी रहस्य
जिन्दगी ने जितने रखे सामने लक्ष्य
रन रेट के आधार पर
हारती रही बारम्बार प्रतिज्ञाओं के बावजूद!

कुछ था जो उसे समग्र सौन्दर्य की बजाए
कभी जाँघ, कभी टाँग, कभी होंठ में
खण्डित कर रहा था
जो उसके लम्बे केशों को
ब्वॉय-कट काटता चल रहा था
जो उसके ब्रीफ में सिलाई की बजाए
बटन बन रहा था।

वह उठी
और चेतक पर किक करने की बजाए
विश्व सुन्दरी के ताज पर ठोकरें मारने लगी
गर्म अलकतरे में सनी
गिट्टी की तगारी
सड़क पर पटक

ठेकेदार के कालरों पर लपकी
खींच कर उसे
रोलर की लौह-छाती पर ले आई
जिससे चिपचिपी वस्तुओं को कुचलना
अब वह सीख चुकी है।

सूरज के डूबते
दिहाड़ी को मुट्ठियों में भींच कर
घुप्प अँधेरे के जबड़े फोड़ना
उसके लिए अब कठिन नहीं।

मर्द बी जी

इस उम्र तुम्हारी दाढ़ी मर्दावें हार्मोन्स हैं
जिन्हें वह तुम्हें सौंप
आत्मा बन गया था—
न पुरुष...न स्त्री।

उसके बाद तुमने सर पर जूड़ा बाँध लिया
नन्हे दो बेटों के लिए
कन्धे गातरा डाल लिया
कृपाण के लिए
तुम पुल्लिग बनी
रंगमंच के लिए।

फिर वह कभी नहीं आया
तुममें उतरता रहा सिर्फ
बच्चों को देख
दूध चुंघाने के बाद
तुम बाप बन जातीं।

बच्चे बढ़े
पढ़े
अब पैरों पर खड़े।
तुम उसी तरह गाँवों में
बाँटती रहीं सरकारी दवाइयाँ

साइकिल पर घूम-घूम
गँवारू औरतों में तुम डाक्टर साहब रहीं।

बेटों के बच्चे हुए
तुम दादी हुईं
दाढ़ झड़ी
पर साइकिल रही कसी।

हर सुबह वह आता
तुम्हें उठा ले जाता
गाँवों की तरफ
जहाँ उसे होना चाहिए था
पहली मुलाकात-सा दवाई लेने।
उम्र से तुमको कभी न बनी।

अभी कुछ साल तो वह भी
रिटायर न होता
मकान बनाता
चट्ठ करता
हर रिश्तेदार आता।
आया
पकी दाढ़ी पर सलाहें देता
तुम्हें बधाइयाँ।

लड़की वाले आए हैं
रिश्ता लेने छोटे का
सफेद बाल घुँघराले हो गए हैं ठुड्डी पर
मूँछों पर तुम हाथ नहीं फेरतीं।
तुम काम की धनी।

पुल पर...

इसके बाद मैं तुमसे हट कर पुल पर झुक गया
नदी के पानी में तुम्हारे केशों से ज्यादा
मैंने देखा—
लंतरानी और कसमसाहट है
जो पचासों फुट नीचे
रश्मियों से इस तरह गुनगुना उठती है
जैसे तुम्हारे नीले होंठ।
तुम्हारे बदन से सट कर
छुईमुई की छटपटाहट से कहीं ज्यादा
सदियों से घुसपैठ करती नदी के पानी में
मैं चाहता था—
इसकी कमर में एक बार गुदगुदी कर दूँ
और इसकी खिलखिल्गहट में नहा लूँ।
पेन से लगी हुई स्याही
तुम्हारे बालों पर फैर कर साफ कर दूँ
—दिल ललचा गया
मगर...
शायद इस ख्याल से कि
शरारत में जो पैरों पर छिड़क दी है
पुल पर और ज्यादा झुक गया।

कैक्टसी इतिहास

सीढ़ियों पर सजाए गए कैक्टस के गमले
उन पर पड़ी पान की पीकें
जनता को घड़ीसाजों से जोड़ती मरदुमशुमारी
और अनगिनत दमघुटे लावारिस बच्चे,
सुनसान पड़ा भोजनालय—तीन घंटे देर से ट्रेन आनेवाली
गिरते हुए बूट पॉलिश के भाव
महँगे होते सिगरेट के कश
चेतावनी देती दीवारें—होशियार, यात्री बेटिकट
ठूँसे लटकते—किसे परवाह?
क्रान्ति के पोस्टर शहादत के नग्मे
जलाई गई बस-ट्रामों की प्रदर्शनी
भाषण
लाल मैदान
प्रजातन्त्र का जंगल
राजनीति की दूकान
क़त्ल और समाचार पत्र
न्याय और खुला छत्र
कोई कहाँ फर्क?
अशोक ने कुएँ खुदवाए
हुमायूँ ने मरम्मत कराई
इतिहास ने मुसीबतों को
सिर्फ दी लम्बाई।

टु मिण्टी मौन

एक दो-मिनट का मौन
कितना पीछे ले जाता है
कितना आगे?
गाँधी जी क्या बोल कर गए
लड़के क्या कर रहे
मौत श्रीराम चौधरी के पीछे लगी जिस दिन
पूछने लगा—कौन था जिसका
मरने पर बढ़ गया वजन?
अँधेरा जिधर से देखो अँधेरा है!
जिनके जूते छूटे हैं सड़कों पर
वे दुबारा नहीं लौटे उन्हें ढूँढ़ने
इस शहर में लोगों ने
कचरा खाया है आँखों से
और तो कुछ नहीं
अपने बदन को सिकोड़ कर कोई
कितनी गुफाओं में दाखिल हो सकता है?
अपने हाथ-पाँव हैं
और उनसे भी बड़ा एक दिल है
व्यापक आत्मा है
सब कुछ कितना सूक्ष्म कर

घुस सकता है अर्द्धकुआरी में कोई?
शराब और नशीली दवाओं से बची देह और रूह
खोखला कर डालता है टु मिण्टी मौन
जो रखा तो गया था शरीफ इन्सान के लिए
पर बुरे वक्त

दुधारी तलवार

श्राप मिले तो उसने कहा
सारे दुःख-रोग तुम्हारे मुझ पर आ जाएँ
तुमसे परिवार चलता है
तुम्हें कुछ हो गया तो बच्चों का क्या होगा?
स्त्री करती रही लक्ष्मण-रेखाएँ पार
घर की समृद्धि खातिर
घर की रक्षा खातिर
बनती रही शिला
मुनि की सिद्धि खातिर।
पूजती रही मढ़ी-मठ
खटखटाती रही गुरु-द्वार
मनाती रही पीर, वार!
लटकती रोज उलटी कुएँ में
घिसटती छठ माई को घुटने
व्रत-उपवास टीके-टोटके
हर करवा चौथ, नेंगती भतार!
काटती दीयों के चलीहे
बाँटती रूई-बत्तियाँ सैकड़ों-हजार
झेलती रही गर्भ-पात
पुरुषत्व की सफलता खातिर बार-बार!
फिर धन्य हुई कोख
बहनों का भाई जन
बाप गया सीना-तान

सोने के हार बदले घूँसों की मार!
रोती रही आँख, बहता रहा दूध
मुन्ने का दुलार, ममता की भूख
छाती की गिलटियाँ, वक्ष का कैंसर
पापों का प्रायश्चित्त, ईश्वर की मार?
नारी की जिन्दगी चले दुधारी तलवार!!

सच का शिकार

एक झूठ दो के कन्धों पर खड़ा होता है
उन्हें सँभालने चार और सहारा देते हैं
उन चारों को लड़खड़ाने से बचाने के लिए
चारों तरफ से
झूठ के लट्ठे/बल्लियाँ उठाने पड़ते हैं।
बल्लियों की संख्या 2^{40} होती है।
इतनी कहाँ से मिलेंगी?
झूठ का जंगल उगाना पड़ता है।
वन की रक्षा के लिए झूठ का सिंह होता है
वह गरजता है
झूठ का जंगल काँपता है
एक सच का शिकार
बहुत आसान नहीं होता।

आँख फुटा गिरगिट

उमस इतनी है कि गमछों का नल बन जाए
सुबह-सुबह।
कुत्ता घूम-लपक कर किरणों से
मक्खियाँ नोच रहा है
ठीक चौराहे पर
युधिष्ठिर का शाप भोग रहा है!

घोंघे पपीतों से उतर
सड़क पार करते कुचले गए
कौए इकट्ठे हुए
स्टेडियम के बरसाती गड्ढे-पास
मानसरोवर की घोषणा कर डुबकियाँ लगाईं
हंस नाम लगा अखबारी बयान छपवाए
तब से एक तीर्थ बना हमारा शहर।

तब से फुटपाथ पर द्रौपदियाँ हर शाम
काम से लौट आतीं
फ्लाई ओवर पर तब से एक पैर के जूते
बिगाए हैं
जिन्हें लेने पाण्डव फिर नहीं लौटे
आँख फुटा गिरगिट घूमता है गोल-गोल
घाव चाटने, रंग बदल-बदल!

इदानींग* दिल्ली

दिल्ली लावारिस चीजों के खौफ से जूझ रही है
मुनादी हो रही है
कोई भी वस्तु लावारिस हो सकती है, शिनाख्त करो!
जहाँ बैठो नीचे झाँको
जहाँ खड़ो ऊपर झाँको
जहाँ चलो आस-पास झाँको
नजर रखो—
कुछ भी पड़ा हो सकता है लावारिस
जैसे ट्रांजिस्टर, टिफिन डिब्बा
सुर्ती-डिबिया, माचिस
या ऐसा ही और कुछ
बेमतलब, लावारिस
खतरनाक हो सकता है
खतरनाक बम हो सकता है!
आदमी न छुए
बस पहचान कर ले!
रिपोर्ट कर दे अपना शुबह जिप्सी को
इनाम जीत ले!
पुलिस को तलाश है
लावारिस वस्तुओं की
वे खतरनाक हो सकती हैं
राजधानी में।

---

* इदानींग—बांग्ला भाषा का शब्द, मतलब—आजकल।

पुलिस सफाया कर देगी
खौफ की बू
लावारिस खतरनाक चीजें
जिनका कोई वारिस नहीं!
शिनाख्त करो, इसलिए चीखो—
किसकी है यह कलम
किसकी है यह दवात?
पुकारो—कौन यह अधमरा बूढ़ा
किसकी यह पोटली
कौन मालिक इस लुढ़के मनई का,
हेरायी बछिया का
बौआई भीड़ का?
खबरदार! कौन है वारिस इस बच्चे का
मानव-बम हो सकता है
घोर-विस्फोटक!
खबर करो!
कौन है माई-बाप अकुलाई जनता का!

किताबें

क्या बहुत-सी किताबें पढ़ने के बाद
आदमी बुजुर्ग हो जाता है?
या बहुत-सी किताबें पढ़ने तक
    विद्वान नहीं होता?
कानून की किताब दुनिया में सबसे मोटी हो सकती है
पर इन्साफ तो सिर्फ दो लफ्जों में बयाँ होता है
बहुत-से ग्रन्थागार इसलिए तो स्वाहा नहीं हुए कि
आग की समझ से वंचित थे?
कई बार फरिश्तों को ज्ञान के सिवा कुछ नहीं दीखा
कई बार किताबों जैसी भरकम बेवकूफियाँ करते भी
    हिचके नहीं देवता

क्या था आखिर जिसे हड्डियों में डालकर धनुष बना था
क्या था, इन्सान को जो दूर कर डालता नदी से?
क्या मध्यम मार्ग पर चलकर राजपाट नहीं चलते
क्या धरती क्षत्रियों के वंश से खाली हुए बिना फटती?
किताबों में सब दर्ज हो पाता तो बोधि-वृक्ष न फूलते
किताबों का सब पढ़ा होता तो बाल न पकते
सबसे बड़े सच पर आदमी का वश होता?
ग्रन्थों में लिखा सिर्फ कई दफा वही सच नहीं होता।

सड़क का हिसाब

कितने ही झटके लगते हैं सड़क पर
डर के
कई बार हर रोज
किसे चिन्ता है राजपथ के फूले पेट की
चिथड़े आसमान की?
प्रायः नित्य दुर्घटना
सदमा और भय
नहीं रहा जीवन निरापद
तो भी हमारी नसों का पानी
नहीं जमता उनकी हवाई उड़ानों पर
नहीं पड़ता उनके विदेश दौरों पर फर्क
हमारे मिरगी और दिल के दौरों से
घटनाएँ इतिहास नहीं बनतीं
न सभी होतीं अखबारों में,
केन्द्रीय औद्योगिक सुरक्षा बल की भर्ती को आए लोग
लाठियों की सूजन से कराहते रहे
अखबारों में दम तोड़ते मनई का नाम कहाँ था?
पचास दिन चली ठेका मजूरों की हड़ताल ने
उन्हें जो भी दिलाया
भूखी लाशों का हिसाब कहाँ था?

सफर में किताब

जब किताब में गड़ा था
कितने निकल गए गुरुद्वारे
पता न चला
उसी में थे सब—
गिरजे, मसीत, शिवाला

सफर, झाँकते जब कटा
सिर डग-डग झुका
सभी थे—
गुरुद्वारे, गिरजे, मसीत, शिवाला
ऊँघते!

अच्छा बीतता है समय
जब साथ होता पढ़ने का

किताब सब कुछ होती
ऊँघते हुए भी इन्सान देख रहा होता—
मसीत, गिरजे, गुरुद्वारे, शिवाला

पढ़ाई

किताबें नहीं सोतीं
बेटे, वे तुम्हारी बगल में
इन्तजार करती हैं
कब तुम बढ़कर उनका
हृदय माँग लोगे
और वे सगी माँ की तरह
तुम्हारे कदमों से एक डग आगे
पड़नेवाली ठोकरों को
पहले ही हटा चुकी होंगी।

शीतलहरी

शीतलहरी चल रही थी बाहर
मैं ताकती रही सारी रात
काला हो गया लालटेन का शीशा।
कितनी ही बार फूँक उड़ाया हथेली पे ले
पलकों का बाल!

लोग अन्धे हो रहे
वे जिस ओर दौड़ रहे
उधर से ही आ रहा दमघोंटू धुआँ
शहर मौत का रखवाला बना चौराहे खड़ा
उधर ही भेजता।
अमलतास गेंदे के फूल सूँघता सूखने लगा
हिमालय की चोटियाँ बर्फ की केंचुलें छोड़ती रहीं
बाँध तोड़ नदियाँ रेलगाड़ियों में जा घुसीं
घर-घर हाहाकार मचा
लाशों का अंबार सजा
मौत के व्यापारी कफ़न साध निकले
पहने बासन्ती चोले।
धुआँपुती लालटेन रात-सी ही काली
झुग्गियों को कसी शीतलहरी!

मेघा रे!

गायक नहीं, एक कवि पुकार रहा है मेघा! बरसो!
मल्हार नहीं निराला छन्द लिख रहा है बदरा! बरसो!
देखो ये जो घुलटाया पड़ा है सड़क किनारे
—किसान
आया था कर्जा लेने बैंक से
कागज धर जमीन के
फँस गया बिचौलियों के चंगुल में।
उधर खेती सूख रही
इधर आँतें और टेंट
धुत्त कर दिया गया ठण्डे हाते में
झुलसता अब कूड़े का ढेर, बरसो!

पेट हो रोटियाँ तो सब्बे गल्लाँ खोटियाँ
तो निकले सुर खाँटी, बँधे ठाट
चिन्ता हो राजा को खुशी हाट-घाट
यहाँ नोचनेवाले सै
कमानेवाला इकल्ला माधो
तो जो कल डूबना घुटते-प्यासे
भले आज बिके, डूबें ऐश से
सूखे के तोल-मोल हो रहे, बरसो रे!
मेघा! घाटे के सौदे जसबीर के।

गैर-परिन्दे

शाम परिन्दे लौट आते हैं आलणे
हम भी घर जा रहे हैं।
वे थके हैं, हमारी कमर दर्द कर रही है।
उन्हें किसी से शिकायत नहीं
हमारी ट्रेन लेट, बस खचाखच भरी है
छतरी फालतू नहीं (पूरे घर को एक)
घटा जम घिरी है।
परिन्दे जैनी हैं, कुछ नहीं लेंगे अँधेरे में
इकट्ठे परिवार संग खाने का मजा
अपुण ले पाते रात में ही।
पहली रश्मि के साथ उन्हें भूख सताएगी
दूध के टैम तक लमलेट हम।
रोज दाना-दुक्का तलाशते पंछी
हम तरक्की के खोजते नये क़दम।
वे बच्चों को डैनों लायक बनाते
हम अपोलो लायक बनाते
उन्हें फिर कोई वास्ता नहीं रहता
वंश-वृक्ष की शाखाएँ गिनते हम।
परिन्दे कब गुजर जाते पता न चलता
उड़ जाते सदा के लिए, पता न चलता
हमारे अखबार रट लगाते
कागज-पत्तर डट जाते
कई विभागों के चलते खाते।
परिन्दे आखिर परिन्दे बेचारे
हम आखिर हम, गैर-परिन्दे।

खुशहाली

अपने को कहाँ तक नोच खाया जा सकता है
आत्मा में तो हड्डी भी नहीं होती।

पेट्रोल-दर सारी कीमतों को कन्धे उठा
कई घर टपा देता है
प्याज रेतीले सोने से महँगा हो उठता है
जिसका सीधा सम्बन्ध भी नहीं–
यानी हमारी धरती; हमारे पसीने का आटा
आँखें तरेरने लगता है चमकते लिफाफों में ढल।
मेरुदण्ड सीधा रहे तो कैसे?
सिर उन्नत रहे तो कैसे??
लकवा-खाई टाँगें किस दर घसीटें?
मुद्रा-स्फीति मेहनत के सूद से ज्यादा
खून के लाल-कण चाट जाती है।
बर्फ मार जाती है भोले-भाले सेबों को
पत्तों के दाग बाजार में कौड़ियाँ उछालते हैं।
काश! धातु का टुकड़ा होते हम
मोड़-माड़ चारों बगल, ऊँची घास खड़ी कर
बदले जाते बगीचे के मोर-खरहों में
निहारते तुम्हारी अक्ल की दाद,
भीतरी दाढ़ों का स्वाद
चुनावों के पहले की रणनीति
चुनावों के बाद की देशप्रीति।

नोच देते रातों रात सफेद होते बाल
टाँक लेते सुबह कोट पर गुलाब
तुम्हारी 72 वर्षीय तरोताजा काया-समान
होते खुशहाल!

मण्डी गोबिन्दगढ़

लोहा यहाँ फीरोजाबाद की चूड़ियों-सा ढलता है
शाम तक दैंत सरीखे ट्रक
सरिया-पतरा-रोला-एंगल करते
जी. टी. रोड के दोनों बगल खड़े
शहर की सीटी का इन्तजार करने लगते हैं
एस.टी.डी./पी.सी.ओ. चिपके व्यापारी
लारियों के नम्बर
रसीद और चालान
अदलते-बदलते रहते हैं,
कुल्फी-कुल्फा भट्ठी-छैनियों की गर्मी
इन्सानों में उगलने लगते हैं
तेल-मोबिल-कोयला शहर की चमड़ी
लीपने लगते हैं
नासों से निकलने लगता है
भाप-काला धुआँ

रोज यह क्रम वर्षों तक
बदल चुका है नगर का जायका
मुँह लोहा लग चुका है
हर शै गला डालता है–
औरतें-मर्द
तहजीब-ईमान
हर चीज जिसे वह छूता है लोहा बन जाती है।

कील से कुल्फी का सफर
यहाँ कभी खत्म नहीं होता
ऊर्जा-सा सिर्फ रूप बदलता रहता है—
कभी हथौड़ों में
कभी आदम-जिस्म में
कभी आत्मा में!
कभी अस्पताल-पार्क-स्टेडियम-क्लब में
कभी राम-मन्दिर, निर्वाण-मन्दिर में
कभी मस्जिद-गुरुद्वारे में
कभी ठेका-शराब-देसी अहातों में
कभी जगराते-दरबारों में!
हर जगह लोहा है!
गलता है
ढलता है
चलता है
क्योंकि बिकता है।
आढ़तिए हैं : लोहा खाते हैं
दलाल हैं : लोहा गाते हैं
मिल मालिक हैं : लोहा सूँघते हैं
फोरमैन हैं : लोहा कमाते हैं
मजदूर हैं : लोहा चबाते हैं
गाड़ीवान हैं : लोहा लदाते हैं
हेल्पर है : लोहा गलाते हैं
भैये हैं : लोहा बनाते हैं
पुलसिए हैं : लोहा हाँकते हैं
बैल हैं : लोहा हाँफते हैं
घोड़े हैं : लोहा काँखते हैं
बंजारे हैं : लोहा छाँटते हैं
लोहार हैं : लोहा जाँतते हैं
पहलवान हैं : लोहा काटते हैं
मिस्त्री हैं : लोहा छीलते हैं
अफसर हैं : लोहा भाँपते हैं

इन्स्पेक्टर हैं : लोहा जाँचते हैं
कुली हैं : लोहा पादते हैं
बैंक हैं : लोहा चाटते हैं
पुजारी हैं : लोहा जापते हैं
प्रेस हैं : लोहा छापते हैं

गरज कि लोहा राम-नाम बन चुका है
लोहा धन्धा कम जुबान बन चुका है
खून का लोहा साँचों में ढल चुका है।

बल्ब

अँधेरे से लड़ता रहा अकेला
रक्तवर्णी बल्ब
जलता-बुझता।
चीखता रहा सड़कों पर जो सारी रात
कुत्ता नहीं, आदमी
खोपड़ी सँभाले चट्टानों के खिलाफ
पाषाण-पुरुष के खिलाफ
कूँच देता जो इन्सानों के दिमाग!
आती रही बत्ती बीच-बीच
बल्ब की छाती धधकाने
एक आग!
खून आग!!
लाल आग!!!
रंगता रहा तिमिर
सोखता रहा लहू
नहाती रही रात्रि—अग्नि में जाग।
पलती रही कोख
फूलती रही भोर
गुदा पर बढ़ता रहा भार
सीने में सँजोए दुपहरी के सपने
मुट्ठी में भींचे छिले हुए घुटने
जल रहा बाहर।
फैली है उजास!

घर

कुछ रिटायर होने के पहले बनते हैं
कुछ बाद
कुछ घरों के अन्दर बनते हैं, कुछ बा'र
कुछ आनन-फानन में,
कुछ सारी उम्र बनते हैं

कुछ घर दीवारों में ही बन जाते हैं
कुछ प्लेटफार्मों पर
कुछ फुटपाथों पर
कुछ पहाड़ों में छेद कर

घर आदमी की पहली जरूरत
जिसकी छाया में मीठे लगें दो कौर
जिसकी तपिश में
आकार सकें अपनी प्रजनन शक्तियाँ
जिसकी गोद में फूल सकें खुशियाँ
बनी रह जाती है आखिरी जरूरत।

कुछ घर दिखाने के होते हैं
कुछ बेचने खाने के
घर छत और दीवारों से नहीं बनते
जब रहनेवाले नहीं रहते
घरों से घर विदा हो जाते हैं
बनते-बनते ढह जाते हैं।

वक्त शिशु

वक्त को दुधमुँहा बच्चा समझ
उसके मुलायम तलवों से छेड़खानी की जा सकती है
वैसी गुदगुदी तो उसे कड़कते रेगिस्तान
पार करते भी होती है।

उसके मसूड़ों पर जो झाग इकट्ठा होती है
हर प्रभात
उसे तारों से मिलाकर देखने में कोई डर है?

वक्त

वक्त सिर्फ सटता नहीं
हर चीज छूता है
उठा सकता है
कोई दीवार नहीं
न ही सीटी उसके लिए।

कानों में घड़ियाँ घुसा लो
नींद में वह गुम हो जाता है
पिल्ले-सा टहलता है सुनसाने में भी
सन्तरी बेखबर सो जाता है।

आग की लपटों में आत्मा है
नहीं जलता-झुलसता
गोला-बारूद से भी नहीं ठिठकता
पंजाब में भी बजता है
उसी चेतावनी के साथ
खाड़ी का आतंक उसे नहीं छूता।

धड़कन बन सूरज में
साँस है सितारों की
भरता ब्रह्माण्ड की सूराखें।
कहते हैं कोई चक्का है उसके पास
सृष्टि को उसी से बाँधकर घुमाता है
सगा किसी का नहीं
सिर्फ मरहम लगाता है।

वक्त से पहले

वक्त से पहले आ गए हैं
कश्मीर के फल
अभी खट्टे हैं अंगूरों-से
बिक सकते हैं
सिर्फ लम्बी दूरी की यात्राओं पर!

नहीं, यह बात नहीं
यह कोई खास बात नहीं
वक्त से पहले बहुत कुछ
हो रहा है आजकल!

मौसम से पहले आ रहे हैं भुट्टे
तरबूज और मटर
पहले का भाव ज्यादा होता है
इसलिए वक्त से पहले हो रही हैं घटनाएँ!

उम्र से पहले जवान हो रही हैं 'कुड़ियाँ'
बच्चे जा रहे हैं स्कूल!
हरी बत्ती से पहले चल पड़ती हैं कारें
तिथि से पहले जाते हैं भूल!

वक्त से पहले घूम रही है धरती
ज्यादा के लालच में!

पहले आ जाती हैं ऋतुएँ
पहले हो जाते हैं बच्चे
वक्त से पहले मर जाते हैं लोग!!

वक्त को पकड़ो

वक्त को पकड़ना चाहते हो?
कुछ मुश्किल नहीं
ऊपर से नहीं, नीचे से पकड़ो
उसकी गति एक तरफा है
हमेशा आगे को बढ़ता है
पूरे का पूरा ठोस नहीं
भुरभुरा है, फिसलता है,
इसलिए हो सकता है तुम्हारे छूते
छूट जाए
टूट जाए।
नीचे से पकड़ोगे तो
ताकत-भर अगला भी समेट लोगे
इसलिए अपनी पूरी शक्ति से दौड़ो
और आगे से छेंक लो
वक्त पीछे नहीं लौटता
तुम्हारी फौलादी बाँहों में समा जाएगा।

वक्त

समय के गले में डाल देने को मेरे पास कोई जंजीर नहीं
समय की बेड़ियाँ खोल देने को मेरे पास कोई तदबीर नहीं

पूछताछ काउण्टर नंगा खाली पड़ा है
और उधर चाँद पश्चिम के अहाते में
एक जोड़ा बादलों बीच...

सोए में खुल चुके हैं बटन
बेपनाहों को थपकियाँ देते प्लेटफार्म के
वह उठी
अब जनता की बारी है!

सामान और अमीर यात्रियों को मुँहबाए
सीढ़ियों से डिकी सटाए
टैक्सियाँ!
देर से आनेवाली?
नहीं, यही तो समय है
दूर से आनेवाली रेलगाड़ियों का
डाक के थैले अलसाए अँटे
ठेलों पर इन्तजारते
मुआवजा वसूलते टीटी शिकार सूँघते
कैसा समय है! हाथ लगाते भुरभुराता
लोनखाई बूढ़ी दीवार-सा

खाज खाए स्टेशनी कुत्ते की तरह—न गुलाम, न आजाद
इसके गले कौन डालेगा जंजीर?...ऊँह!

ढेर-सी ओस बरसेगी
फिसलन चढ़ेगी सर्द पटरियों पर
छाई पर एक ठण्डी लाश-सी पसर जाएगी रात

काँपेगा जाड़े में पूरबी आकाश
सूज जाएगा सारा खून मुँह पर खींच
वक्त तब भी जकड़ा होगा बीमार

गँधाता....लड़खड़ाता
बेड़ियों में....हुँह! किसे परवाह?

वक्त

1

हाथ पर हाथ धर कर नहीं बैठा रहता
वक्त देखते-देखते निकल जाता है
न देता न माँगता किसी से कुछ
फैलाता खुद को, खुद को ही खा जाता है
गुस्सा नहीं खाता
कितना ही बर्बाद करो
हाथों से निकलते भी
प्यार ही जतलाता है
घाव दुनिया दे या ऊपरवाला
भूलता कुछ नहीं
मरहम जब लगाता है
नाप-जोख धरी की धरी रहती
कहर बरसता अगर करिश्मा बन जाता है
कभी न मुँह
न हाथ-पैर फूले
वक्त चलता, चलता जाता
बस चलता जाता है!

2

न आज से पहले किसी का था
वक्त न आगे किसी का होगा

इन्सान है कि उसी से मुँहमागी
मुराद की चिरौरी करता है!
वह न अधूरी छोड़ता
न पूरी करता है
जो वक्त के आगे जीता
वक्त से पहले मरता है।

इस जगह

कौन आया था यहाँ?
यह तो वही जगह है जहाँ आदमी
पत्थरों में अपनी शिनाख्त निकालता है
कोई दीया बाल दे तो
दो घड़ी कुछ तलवारें चलती हैं
फिर बूत जाता है
आदमी खुद सन्नाटे का एक पहाड़ बन जाता है।

शराब

जब दुनिया भर के गम मेरे गले में
सुपारी सरीखे कसने लगते हैं
चन्द जलते घूँट सारी कड़वाहट
नीचे ले जाते हैं मिट्टी की तरफ
यकीन मानों मैं सन्तों से बढ़िया
संसार के हिज्जे कर बतला सकता हूँ।

राजधानी

राजधानी के बहुत दूर चले जाने के बाद तक
स्टेशन काँपता रहा...
धूल उड़ती रही...
देर तक लोगों के घुटनों में दर्द उठता रहा
आँख चुँधियाती रही
फिर वे उठे और एक हो गए
और बहुत देर तक एक कुत्ती को उसी लाइन पर
कुछ सूँघती तलाशती, जाती देखते रहे।

नई सुबह

सुबह बाहर बुला रही है
कई घनी परतोंवाले बादल छँट चुके हैं
ध्रुव तारा अटल चमचमा रहा है
पूरब के भाल।
        कदम मचल उठे हैं
        हाथों ने खुद बढ़कर कपाट धकेल
        खोल दिए हैं
        ताज़ी हवा में
        पिछली रातों देर तक सोता रहा
        ऐसी सुबह रोज बुलाती थी?

यहीं से शुरुआत हो।

        सही दिशा हो
        मंजिल कितनी पास हो जाती है।

थका हुआ शख़्स

आदमी सबसे पहले
परास्त होता है बीवी से
दुनिया जीत कर घर लौटे
तो हार जाता है उसके हाथों
अपनी ब्योंतों-बुद्धिमानियों से
हतप्रभ कर देता जगवालों को
पर एक नहीं चलती औरत के सामने।

फिर वह हारता
अपनी सन्तानों से
सारी शूरवीरता, तर्क-शक्ति धरी रह जाती है
धृतराष्ट्री बेटे-बेटियों के लिए।

तीसरी बार
हारता है जिन्दगी में
वह अपनी चालों से
जिन्हें बहुत सँभल कर चलता आ रहा है
गोटी-गोटी
आज उसे कोने में ला खड़ा करते हैं निरुपाय
जहाँ वह न मिमिया सकता है
न कर सकता है हाय-हाय
सिर्फ देखता भर है–
बीजों का फलों में रूपान्तरण

और फलों का बीजों में स्थानान्तरण
यही है केवल
एक थके हुए शख़्स की वीरगाथा।

अतीत के देवताओं से

अतीत के देवताओ मुझे क्षमा करो।
लहूलुहान मैं
चाहता था मोड़ देना लगाम खींचकर
सूरज का घोड़ा
चाहता था बदल देना
चट्टान बनकर राह में
प्रवाह-काल-निर्झर।
अति-विश्वास था अपनी मेधा पर
सीख लिया था तोड़ना गर्भ में ही।
नहीं भेद पाएगा वे द्वार लौटते
जिन्हें खोल दाखिल हुआ वंशज।
सोचा था सुनाऊँगा आज रात
सुभद्रे! चक्रव्यूह-भेदन मुकम्मल।
क्षमा करो अतीत के देवताओ!
रहोगे भविष्य में भी देवते
नहीं जानता परीक्षित कुछ भी
निकलना, न घुसना।

हर सुबह रात के खिलाफ

यह मानकर चलो सुबह होगी
रात अधिक से अधिक छः महीने हो सकती है
इस धरती पर; हिन्दुस्तान में छः साल।

ठिठुर के कटे
उजड़ के कटे
बिलख के कटे
तड़प के कटे
या प्राणों को ऑक्सीजन की शून्यता की तरफ
घसीट
घुटन में कटे

काट लो!
जीवन की रौशनाई
मृत्यु-तिमिर पर विजय-तिलक सी छापने
के लिए।

बहुत रंगीन होगी
पौ-बारह सुबह
इसकी गारण्टी नहीं
बस इतना होगा
कि ढेर अँधेरा छँट जाएगा अपने आप
कि बहुत कालिख अपने आप घुल जाएगी।

बहुत कुछ स्पष्ट दीखने लगेगा।

लाठी काली पोशाक पहन साँप नहीं होगी
तोते भुतही आत्माओं-से नहीं लगेंगे
फसलें दलदल नहीं दीखेंगी
पगडण्डियाँ साफ नजर आएँगी।

बन्द कारखानों के फाटक खुल जाएँगे
जगहें जाग उठेंगी
ख्वाबों का तिलस्म ढह जाएगा
तुम रात से लड़ने का सरंजाम कर सकोगे।
इन्तजाम कर सकोगे
अँधेरे के अलग-अलग मोर्चों पर अपनी
कार्यवाइयों का

चौकसी रख पाओगे
काली ताकतों की घेराबन्दी के खिलाफ
निगरान हो सकोगे बुलन्द हौसले के साथ
बादस्त
गला घोंटनेवाले पंजे मरोड़ने को।

रात एक सच्चाई है
सुबह की तरह
सिर्फ तुम्हें उसकी लम्बाई तय करनी है
वह इतनी छोटी हो सकती है
कि तुम्हारे ज्यामिती–बॉक्स में आ जाए।

पौ फटी बौछार!

टिटहरी कितनी खुश है!
पंख फैला-फैला चीखे जा रही है :
देखो, मैं ले आई ढेर सारी घटाएँ
देखो, बरसा कि नहीं?
पिछले हफ्ते से लगी हुई हूँ
यह किसने किया इतना...?
मैंने...
मैंने।

मैं खुश हूँ,
कि मेरे झुलसे शहर को थोड़ी राहत मिली
ये बूँदें नहीं प्राण-कण हैं
चाहे थोड़े घण्टों के लिए सही
आज का तापमान गिरकर
गर्मी के पाँवों में साँकल बन जाएगा
आज वह इतना भयंकर न उठेगी!

मन तो कर रहा है एक बटन खैंचूँ
तैरने लग पड़ूँ बादलों में उलटे बदन
समानान्तर....बैक स्ट्रोक
मलता जा रहा हूँ साबुन की मानिन्द
यह ताजी ठण्ढक

रोम-रोम में लेप रहा हूँ
इस सुबही बौछार की मिठास
यह नीबू पानी की-सी दिलास
बुझ रही है आग लगी प्यास
दिल खोलकर टिटहरी तेरा धन्यवाद!

चिपका लेता हूँ छाती से जो बूँदें उतरती हैं
बड़ी साध से निहारता हूँ तहदार बादल
बिजली कैमरे की फ्लैश-सी जब मचलती है
उम्मीद का एक झोंका लहर जाता है पूरे शरीर
मेघों का गर्जन
कान टिक जाते हैं
पीछे सुना ही नहीं कभी इतना सुरीला स्वर
मन गद्गद हो उठा है
इस पौ फटी सौगात पर।

शहर छूता हूँ
झकझोरता हूँ हौले से—
ऐ! उठो! तुम जो जल रहे हो
अपने एयर कण्डीशनरों में भी
देखो बाहर कितना लुभावना हो चुका है!
वह करवट भी नहीं बदलता
हूँ-हाँ करता नींद में घुल जाता है
मैं देख रहा हूँ अलस्सुबह भी
अपनी चिमनियों से काला धुआँ
छोड़े जा रहा है लगातार।

अस्तित्व

चीनी के रवों सदृश
गायब हो जाएँगे हम लोग
पानी उबलते
घुल जाएँगे
इसी मिट्टी और हवा में
शून्य में विलीन हो जाएगा अस्तित्व।
पर सुनो एक रंग चाय-पत्ती की तरह
फैल जाएगा ब्रह्माण्ड में
रँग जाएँगे धरती और आकाश
सारी दुनिया में समा जाएगा अस्तित्व।
तुम सोचोगे मिलाओगे
अपनी पसन्द-भर कल्पना का दूध
ताजी-ताजी चाय का जायका मिलेगा
हमारी खुशबू चलती रहेगी तुम्हारे विचारों-संग
अर्वाचीन
सनातन हमारा अस्तित्व।

अन्धी गुफा

हाँ, यह किस तरह की यातनाओं से मैं
गुजर रहा हूँ?
बाहर से एक दस्तक होती है
मैं दौड़ पड़ता हूँ उसी तरफ
भीतर से अपने शब्द पहुँचाने को
थपथपाने उसी जगह
ताकि लगे मेरे अन्दर होने का पता
ताकि इस आवाज/उस आवाज का साथ बन जाए
शब्द पहचान लें एक-दूसरे को
एक बात बन जाए!

मैं बन्द हूँ यह कैसी गुफा में?
नहीं बनते संलाप मेरे शब्द
नहीं बनते सम्बन्ध मेरे वचन
नहीं बनती आवाज कोई बात
नहीं बनती बात बात-चीत

खाली लौट रहे हैं सम्बोधन
निष्फल मेरी चेष्टाएँ
मैं गूँगा और बहरा इस अन्धी गुफा में
देख रहा आहटें
दौड़ रहा छूने को हर शब्द!

छाया

अच्छा हुआ कुछ दरख्त थे
जिनके तले आदमी पसीना
हवाओं से बाँट लेता था सुस्ताते
इस अंगारती दोपहरी में,
राजधानी जिसे अपने पहियों में
जोर जोर घुमा सड़क पर दे मारती थी
        जब सड़कें इतनी चौड़ी हो जाती हैं
        टाँगों में लिपटने लगती हैं
        दूरियाँ आपस में उलझ जाती हैं,
आदमी इतिहास को अपनी जननेन्द्रियों में खजुआता है
छाया में 'दरख्त' की; और भड़क जाता है—
पानी का एक-एक गिलास इतना महँगा क्यों है?
        पैसा लगेगा कल इसी तरह
        पेड़ों तले बैठने का भी?
        रेढ़ी पर बिकेगी छाया नाप कर?

पूँजी

छोटी दुकान खुली
तो ठीक सामने
खुल जाती है बड़ी दुकान/और
छोटी को खाने लगती है
छोटी बेचारी सिमटने लगती है

सुबह-शाम कभी खुल जाती है
बड़ी दुकान रंग लाती है
छोटी तड़फती है
गलफर की मछली-सी
और/घप्प से घुस जाती है
पेट में...!!

आतंकवादी : एक दृष्टि

पृथकता की आवाज
उठने से पहले ही तुम उसे
अपने कानूनों और हथियारों से
पृथक करते फिर घेर लेते हो!

जान सबको प्यारी होती है
वह पड़ोसी देशों में भागता/छुपता
क्योंकि तुमने उस पर जो इनाम रखा
भयभीत कर देता है
परिवार उसे खींचता है
बच्चों से मिलने
राइफलों के घूँघट में
कइयों को भूनता
खुद को बचाता चला आता है!
वे निरपराध हैं...
और वह?

जिन्दा रहना उसके लिए
भयानक सवाल बन जाता है
क्यों?
उसने जिन्दगी को अन्याय के खिलाफ

एक आवाज में उभारना चाहा...
वह आतंक का पर्याय बन जाता है
और तुम...
—अविश्वास के!

जामुन

यह जामुन
गरदन की नसों से खून पीता रहा है
फल टपके हैं बरसात में
रास्ते भर खून के चकत्ते छितराए हैं
जगह-जगह जिबह हुई जैसे।
        इसकी मोटी-सी जड़
        जैसे फूले/गदरन की नस
        जब चिल्लाती है बकरी असहाय
        भर गले
        उस पर ही बैठे कसाई।
आदिवासी लकड़ी के गट्ठर संग
देख रही होतीं
रस्सी के कितने ही फन्दों में
एक झुण्ड खस्सियाँ कातर!

धोबीपाट से अनजान पलटनियाँ खाई बकरी
भाग जाने की बलवती इच्छा से हारी
अगली टाँगों से फेंक देना चाहती है
घुमाकर जामुन का पेड़
तब तक एक कठोर पकी हथेली
उसके जबड़े ऊपर धकेल देती है पूरा
गरदन हँसुए-सी टेढ़ी हो जाती है
आँखें सड़क पार बढ़ई के आरे पर टिक जाती हैं

आखिरी वक्त आवाज को नया दृश्य मिलता है

एक नया आयाम मुक्ति का
तलवार-सी खिंची नस पर तब तक
लोहे की एक तेज धार घूम जाती है
लहू की नदी में आजादी की बलवती लपट
बुलबुलों में फूटती जाती है
कसमसाती आग बुदबुदाहट बन बैठी रहती है
जामुन के नीचे जमा
मांस के खरीददारों पर स्तब्ध।

कितना आसान होता है कसाई के लिए
हर रविवार की सुबह
आदिवासी लकड़ियों के गट्ठर की तरह
एक झुण्ड जामुन की छाया में
खस्सी बकरियाँ बाँध देना
एक एक कर सरफरोशी की तमन्नाओं का खून
जामुन को पिला देना
खाल खींचकर नंगी देह उलटी लटका देना।

खदेड़ी औरतें

कितना मुश्किल है संडास के सामने
बदन कुचलवाते
तानों-झिड़कियों के बीच सफर करना!

वे मूड़ी वालियाँ बस्तों को
देह से ज्यादा बचाती हैं
और किसी तरह जब तिल-भर
जगह में बैठती हैं
तो दूध बह पड़ता है
बच्चे के मुँह मूड़ी के दाने डालती हैं चोंच से
गौरैया की तरह।

बस्ते में दबी बड़ी भी सुगबुगाने लगती है
वे उसके बाल सहलाती हैं
बांग्लादेश से खदेड़ी औरतें।
कितनी जमीन दी है भारतभूमि ने उन्हें
गुजर कर लेती हैं खरीद-बेचकर
तिल तिल जगह बनाते
संघर्ष की...जीने की।
पटरियों पर रगड़ खाती उनकी चमड़ी
भभक नहीं उठती
वे जीती हैं अपने लोगों की खातिर
चाय-मूड़ी का इन्तजाम करते

शहरों में सायरन बजने से पहले।

नहीं उड़तीं तेज हवा में
तीसरी श्रेणी डिब्बे के कपाटों पर बैठकर
विस्तार पाता है उनका आत्म-दाह
रेलगाड़ियों की सीमाओं से परे भी।

समुद्र मन्थन

काला समुद्र मथा जा रहा है
देवते और नहीं—देवते कन्धे जोड़े
लाल-फीती शेष खींच रहे
पद और गोपनीयता की शपथ खाकर।

तोंदों में विकास हो रहा
तबादले, हवाई भोजन, राहत डकार कर।

वे हिस्सा पाने लगते हैं
अधिकार-क्षेत्र फैलता है तो
कानून, केन्द्र और सुरक्षा-बलों की
जड़ें खाता है
पंजाब तस्करी करता है
बम्बई सोने में नहाता है
उन्हें गोली लगती है
इधर चुनाव हो जाता है
शिखर समझौतों का मसौदा
मादा जाँघों पर तैयार हो जाता है
जो दुम हिलाए वह देशभक्त
जो अकड़े आतंकवादी हो जाता है।

घर-दरवाजे

दरवाजे तैयार हैं खड़े
घर कहाँ है?
जल चुके हैं चाल चौखट समेत
सारे गाँव में
चाट चुकी है काल-जीभ कई प्राण
धर्म की छाँव में
वहाँ अब सेना कवायद कर रही
लोग कहाँ हैं?

लोग कहाँ हैं साँझ ढलते
दिन में जहाँ मेला था?
जैसे जल चढ़ाने चले आ रहे थे भक्त
ताँता बाँध खेतों बीच इस टापू पर।

चली गईं
इन झोंपड़ियों की सतियाँ
बस पकड़ अपने ठाँव
सुनसान इन घरों में बजती
हवा साँय-साँय
कच्ची दीवारों पर फूस
इनके चौखट-दरवाजे कहाँ हैं?

स्टूडेण्ट सेण्टर : तब-अब

वैसा ही था तब
अभी जैसा है, स्टूडेण्ट सेण्टर
घुमावदार ढलानों के ऊपर बना काँच-घर।
दोसा-इडली से अधिक
आँख भर खाने को हुस्न औ' नज़ाकत।
वैसा ही अब भी षटकोण-टेबुल
कुर्सियों के बीच घिरा नाच-फर्श।
पीढ़ी की शक्ल बदली है
और रुपयों की लम्बाई।
पहले अकेला दे सकता था, पूरे समूह का
खर्च
बे-आयोजन
अब खास दिन सारे उठाते हैं मिल
सप्रयोजन।
अब हँसी के दरम्यान रहती दरार
सरल लच्छेदार नहीं मिलती
हर दाँत के पीछे रहता एक दामी विज्ञापन
हर पेचो खम के पीछे दाँव पेची बिजनेस।
जवानी उत्साहती डौले-छातियाँ नहीं
कम्प्यूटरी गम्भीरता लिए मिलती है
कसमकस।
फटी फाँकों धूप नहीं हेलती
पर्दों से ताक-झाँकती राजनीति
बेरोजगारी से भिड़ती महँगाई में धँस।

टाइम-पंच

आज पहला दिन है
वक्त के दाँतों में पूरा पेट घुस जाता है आज
बाहर नजर आता है सिर्फ नाम
और एक नम्बर (पिता के नाम की जगह)

तारीख-दर-तारीख
जिस्म उभरता है
उस पर निशान गड़ जाते हैं घड़ी-जबड़ों के।

यह एक दस्तावेज़ है हमारी जंग का
महीने के मजबूत पंजों से
एक-एक दिन की दिहाड़ी छुड़ाने का।

मुँह अँधेरे

मुँह अँधेरे तोड़े जा सकते हैं नियम
नकारी जा सकती हैं लाल बत्तियाँ
नहीं रहती भीड़...न पुलिस...न गवाह
अनदेखी की जा सकती है...

देर रात से सुन्न पड़ी सड़कें
सिर्फ एक आह बनकर
दुबारा ओढ़ लेती हैं सन्नाटा।
एक चीख भर कर डूब जाती हैं चुप में
अविरल बहती नदियाँ।

कुहासा और अँधेरा ढँक लेता है
हर स्याही में सूखा निर्देश
भूरी आँखों में चमचमा उठती है
आत्मा पर बँधी हर साँकल!

पराशर नाव की तरफ बढ़ता है
ऋषि की आज्ञा भंग...?
कैसे जुर्रत कर सकती हैं ऊँघती
सत्यवतियाँ?

ब्रह्म-मुहूर्त के पाप
बीज देते हैं महाभारत

निर्दोष नियति
पशुता की खाद में पनपी
छोड़ती है
ज्ञान और सत्य की पत्तियाँ!

माँ-दक्षिणा

दुखता रहेगा अन्तिम लीला तक
अर्थी ढोता दाहिना कन्धा
नहीं होगा माँ! तेरा कर्ज अदा।

कई जन्म काटूँ उम्र-कैद काले पानी
या मरूँ सौ बार सजा-याफ्ता
भूखा-प्यासा फिरूँ घोर सहरा में मैं
टापू-टापू भी चाहे भटकता रहूँ।

तूने जीवन दिया
एक मतलब दिया
नहीं कोई प्यारा तेरे सिवा।

तुझे ढोकर चलूँगा हर तीरथ तलक
तेरी आस्था अब है मेरा कवच
मुझे तीरों की कोई परवाह नहीं
हो अर्जुन कोई या कोई दशरथ।

तेरी आजाद आँखों के वास्ते
करूँगा कठिन से कठिन साधना
रौशनी मेरे जीवन का पहला सबब
अँगूठा है क्या, दूँ कन्धा दाहिना।

काला पानी

कोई रंग पानी काला नहीं कर सकता
इतिहास करता है
वह डेविड बैरी के मुँह से गोलियाँ छोड़ता है
शहीदों के मुँह से इन्कलाब-जिन्दाबाद!

कारनामे इतिहास काला करते हैं
वे शक्लों पर कालिख पोत देते हैं
तस्वीरों में बदबू
बच्चों के रंग जर्द होने लगते हैं
पानी और हवाओं के रंग काले।

गुलामी के रंग हब्शियों से पूछो
जुल्मों के रेगिस्तानों से
आजादी बयां होती है तीन रंगों में
कुर्बानी जलियाँवाला बागों में।

जलावतनी की सजाएँ काट
फाँसी के फन्दे चूम
शहादत मीठे कर देती है खारे पानी
धो देती है कालिख।
पिघला डालती है अहिंसा जल्लादों को
फूलों की माला बन जाती है फाँसी

क्रान्ति के गले में
सुनहली हो उठती है धरती देश-प्रेम से
अमृत-सा पवित्र हो जाता है
काला पानी।

बाढ़

खतरे से ऊपर जाती नदी को मैंने देखा।
मैंने देखा वह गाँव की तरफ मुड़ रही है
उसे एक बारिश-भर का इन्तजार है
वैसे भी इलाकों में पानी भर गया है
नाले छटपटा रहे हैं
नालियाँ हैं, व्याकुल मिलने को
इन्तजार-भर है जुड़ने का जब
हाथ बढ़ाकर नदी उन्हें अपनी ओर खींच लेगी।
मैंने देखा नौकाएँ घाटों पर
गायों-सी बँधी डोल रही हैं
इन्तजार-भर है मल्लाहों का
सब-कुछ गैर-कानूनी ढंग से होगा
शहर का बचाव...गाँव की सुरक्षा।
जब खूँटे उखाड़कर वे भाग पड़ेंगी
मँझधार की तरफ
बदहवास औरतों, डूबते बच्चों पीछे।
गई सुबह राहत की खबरें
पूड़ियों के पैकेट थमाते
हांथ बढ़ाकर उन्हें तस्वीरों में कैद कर लेंगी।

वंश

सन्तानों के लिए हम खुद को
खड़ा कर लेते हैं
जैसे किया बाप-दादा ने
हमारे लिए।
आँखें बहती रहती हैं
और हम रिश्ते के स्वादों को यादते रहते हैं।

तू—इच्छाओं का नवनीत

तू ही सब कुछ देता है
धन-दौलत ऐश्वर्य मान-मर्यादा
फिर सन्तोष, शान्ति...मुक्ति तक।

तुझे शायद ठीक पता है
क्या दे सकता है जीवन को अधोगति।
हमारी तो अटकलें ही दम नहीं लेने देतीं।

जैसे अपने में पूर्ण एक विरासत
तू इस तरह से व्याप्त है।
घेरता जाता है हमें!

इच्छाओं के भँवर में नाचते-नाचते
तू नवनीत-सा उभर आता है!

जिजीविषा

म्हारी उम्र में पहुँचोगे, हैरान होओगे–
कैसे करते थे इतना कुछ!
        जैसा हम सोचते हैं
        अपने बाप दादा के बारे में
मैं हैरान होता हूँ–
क्या सब कुछ होगा करने के लिए
वोट....रिमोट....रॉकेट....सेटेलाइट
हजारों तरह के उपकरण
काम के लिए।
        नहीं प्रदूषण का डर नहीं
        खोज ही लोगे कोई नया उपाय
डर है तो बस
होगी इच्छा-शक्ति और जीने की इच्छा?
कुछ होगा
और सुख जीने का
नहीं होगी तो जिजीविषा।

पहली मई

माह का आखिरी कमाऊ दिन
इत्मीनान छोड़ता है
साँझ की एक लम्बी साँस जैसा
अपने कार्ड 'आउट' में ही छोड़
कल इतवार
नहीं करनी देह घड़ी-जबड़ों के सुपुर्द
मार्च की खातिर।

परसों जब तुम उठोगे बेवकूफ से
दौड़ने लगोगे पहले अप्रैल के काँटों पर,
टाइम-घड़ी काट खाएगी
गड़ा देगी अपने दाँत कलाई पर
लाल सूजन समेत कार्ड उठा कहोगे
नौ बजकर सात मिनट (सुबह)
(शाम) या 5.30!

और उसके बाद कुतरते-कुतरते
जब नहीं बचेगा कुछ भी खाने लायक
तुम अपना जिस्म टटोलोगे
और पागल खुशी से
नहीं पाकर एक भी निशान काटे का
चिल्ला बोलोगे
मई दिवस जिन्दाबाद।

काम

घर से बाजार तक पैदल चलते
कितने ही आकाश बुन लिए मैंने

नौकरी?
(कल ही भेजा एक और आवेदन पत्र)
हवाई सफर
बंगला, कार
खिताब, सलाम
वाह, जिन्दगी!

नहीं बैठा मैं रिक्शे पर
बचा लिए चौदह आने।
अब ध्यान टूटा है
शायद पड़े हैं ऊबड़-खाबड़ पैर
रास्ते में इतने कि दर्द होता है
भार डालते।

कौन-सा दफ्तर छूटा है
कहाँ जाना है पंख-विहीन?

देखता हूँ,
पहुँच गया हूँ शहर के बाहर
इमारतों के बचपन और जवानी देखता

एक जंगल पार कर।

खुले खेतों में
एक मरी भैंस पर गिद्धों का आक्रमण
और आगे फाटक बन्द है।
रेल लाइनों पर एक माल गाड़ी आ रही है
सामने से दूसरी जा रही है
सोचता हूँ
इन्हीं पर रख दूँ अपना हाथ
और भीख माँगने लगूँ
बेकार रहने से अच्छा है
अपाहिजों में शामिल होकर काम करना।

सम्मति

मैं तो यही कहता हूँ—
ईश्वर तुम्हें सुबुद्धि दे
क्योंकि तुम्हें सजा देकर
मैं अपने हाथ काले क्यूँ करूँ?
फिर मैं न्याय करनेवाला कौन हूँ
मैं भी तुम्हारी तरह पापी मनुष्य हूँ
तुम्हें खत्म कर देने से सिस्टम नहीं खत्म होता
जैसे रावण, कंस, हिरण्यकश्यप नहीं होता
सत्य की विजय होती है पर झूठ भी नहीं हारता
दबता है फिर सच को छीलने लगता है

ऐसा क्यूँ है?
आदमी अपनी ही दुनिया से परेशान क्यूँ है?
ठीक है, गलत है, पाप है-पुण्य है, जन्म है-मृत्यु है
वास्तविकता क्या है?
जैसा नहीं दिखता दरअसल वैसा क्यूँ है?
        मैं तो यही कहता हूँ—
        वाहे गुरु तुम्हें सुमति दे
        और साथ ही मुझे भी
        हम बहुत अलग तो नहीं—
        मेरी दाढ़ी है, तुम्हारी नहीं
        मैं तेलुगू नहीं बोल पाता
        तुम हिन्दी गलत-सही

मैं नमाज पढ़ता हूँ
तुम रामायण-तुलसी
यह सब तो ऊपर से है
हमारा खून है वही
मैं हूँ आदम जात
हो तुम भी आदमी।
मैं तो यही कहता हूँ—
ईश्वर अल्ला तेरे नाम
सबको सम्मति दे भगवान
इतनी-सी तो बात है

कोई बात नहीं बड़ी
तुम मेरी मान लो
मैं, तुमने जो कही
मिलकर रहेंगे साथ, है फानी जिन्दगी
जीओ, जीने दो, छोड़ो आपाधापी।

अन्ततः

अन्ततः वही जीतता है
जिसमें एक किरण बचती है
मौत की गुफाओं में बन्द भी
जिसे जिन्दगी के उजाले पर भरोसा है।

अन्ततः वही हारता है
जिसका मकसद हार जाता है।
जीतकर भी सिकन्दर मकदूनिया नहीं पहुँचता
हारकर भी पुरु जीत जाता है।

अन्ततः सत्यमेव जयते
छल-फरेब खुल जाता है
मृत्यु से काल नहीं मरता
वह दिन आता है
अन्ततः आता है

पतझर

वे बटोरती हैं पतझड़
दरख़्तों के नीचे लावारिस पड़ी
उसे ठूँस भरती हैं बोरों में
और मैदानों को चली जाती हैं
चट-चट धू-धू सुलगते-जलते
ठण्डी हवा में घुल जाते हैं धुआँते पत्ते।

खेतों में फूल चुनने आती हैं संक्रान्ति से पहले
सर्दी बद्दल-भरी धूप का लिबास ओढ़।

वे अभी जवान नहीं हुईं
सर पर पतझर धरे
चली जाती हैं दूर
धरती की उर्वरता के लिए, हरियाली के लिए
साल देखते हैं फटी-फटी आँखों
उनका सोनिल कौमार्य मिट्टी में रँगता
बचपन की डालियों में शोखियाँ भरता
पहले वसन्त से पहले
ठण्डी-सी बाँहों में झर जाने को।

दीवाली

घरों की पीठों पर चाबुक़ बरसते
हवा में फैलती छतों की सीत्कार
रात की नसों में गलता रहा मोम
दीयों के रन्ध्रों में जलता तेल
बुझता कई बार

लक्ष्मी उलझी लाटरी के नम्बरों में
जुआ खेलते दुकानदार
हट्टी में ताकते लाई और तोता
फूल झाड़े अग्नि के हाथों की तार

कागज की चिन्दियाँ झूल गईं जालों में
सड़कों पर फैले परखचे पटाखों के
बच्चे झगड़ते अनजले मसाले पर
घासों से उठती बारूदी गन्ध
कीड़ों की जंग हवाओं के पार।

पौ

गर्दन घुमाकर कबूतर
अभी पंखों से रात चोंच रहे हैं
कंगूरों पर अखण्ड कीर्तन की
थापें-आवाजें साफ हैं अभी

सड़क की मजबूती पर
टायर की चरमराहट सुनती है अभी

ताँता नहीं बँधा
गौरैया के झुण्ड अभी नहीं निकले।
एक ठेले वाला, एक दौड़ाक, एक काँव-काँव
दाढ़ी खिचड़ी
आखिरी कुछ कदम और है बुढ़ापा

पौ फटेगी
मार्ग-बत्तियाँ बुझ चुकीं
पेड़ देह फुलाते
तैयारी में है सुबह
साइकिल पर निकल पड़ने की

शान्तिः शान्तिः शान्तिः

हमारे शान्ति पाठ स्वरों की ऊँचाई से ऊँचा था विश्व व्यापार केन्द्र
हमारे द्यौ से चमकीला था मुद्रा-विनिमय भुगतान
हमारे अन्तरिक्ष से ऊपर थी जेट की उड़ान
हमारी पृथ्वी से दूर उठा था
संसार-बाजार।
हम वनस्पतियों में शान्ति चाहते थे
वे गुण-सूत्रों में,
हम औषधियों में शान्ति चाहते थे
वे पेटेण्टों में,
हम जलों में शान्ति चाहते थे
वे बन्दरगाहों में,
हम नाभिकीय पनडुब्बियों में
शान्ति चाहते थे
वे परमाणु-प्रसार सन्धियों में।
हमारा प्रजातन्त्र भिन्न था
उनके प्रजातन्त्र से
हमारी शान्ति भिन्न थी
उनकी शान्ति से!
वे हमें जोड़ रहे थे मरोड़कर
सुर में सुर मिला रहे थे गला दबोचकर!

घास

कुछ नहीं कर पाने से ही असन्तोष होता है
जीवन तो घड़ियों का मुहताज होता है
इस तरह या उस तरह कट ही जाता है
जितना लिखा होता है, कहीं अगर!
कभी घास देखता हूँ
जिसे कितने प्यार से पटाया जाता है
जिसके लिए मशीनें और खाद
और तरीके विदेशों से आते हैं
जिसकी खूबसूरती पर पूरी संस्था
सारे वैज्ञानिकों की इज्जत का सवाल है।
कभी आस-पास देखता हूँ
आदमी फटेहाल पगलाया सड़कों पर घूमता है
पिल्लों से भिखारी बच्चे फर्श चाटते दब मर जाते हैं
कोई पूछने वाला नहीं
किसी हमदर्दी का सवाल नहीं
कभी कुत्ते देखता हूँ
उनके लिए देशभक्ति का क्या मतलब है
जबड़ों में चूती जीभ और पूँछ की सरगर्मियाँ
हवाई सैर, काले खाते और विदेशी लौण्डियाँ
कोई दर्द नहीं
गरीबी बेरोजगारी
सूखे और बाढ़ में पिसती जनता का
किसी तरह चुनावी जीत का सवाल है।

कुछ सही कर पाने में सन्तोष होता है
जुल्म के खिलाफ उठाया कदम छोटा ही सही
सही होता है
वरना जीवन तो घड़ियों का मुहताज होता है
इस तरह या उस तरह कट ही जाता है
जितना लिखा होता है कहीं अगर।

स्थिति

आदमी इच्छाओं में बँधता
मजबूरियों में खुलता है
यही अगर रात को दहलीज का मतलब जान लेता
तो सुबह घर छोड़ना आसान होता
और मेरी बच्ची! तुमलोगों से
कितनी दूर ही जा सकता हूँ?
ताला लगे ग्रिल के छेदों से निकला
तुम्हारा आजाद नन्हा हाथ
मुझे बाई कहकर कहाँ तक छोड़ेगा?
मैं सिर्फ पिता नहीं
एक सिख हूँ
और लाडली! सिख होना
(बड़ी हो समझोगी)
एक बेअंत होना होता है
डर पड़ोसियों से नहीं पुलिस से होता है
गली जिसकी उँगली पर लिपट जाती है
कभी अपने तईं उठती है
कभी तुम मासूमों पर
कभी खानदान पर।

संयोग की बात नहीं
भीड़ रात भर पथराव करती है
छुरेबाजी अखबार करती है

पुलिस आँसूगैस और कई राउण्ड
गोली चलाती है
समझ नहीं आता
स्थिति जिसके नियन्त्रण में है
वह कहाँ है?
गैस कहाँ से रिसती है
दमकलें किधर जाती हैं?

लव-कुश

बारिश होती है
धरती मूक रह जाती है
लव-कुश को वह सड़क किनारे
हगने बिठा
खुद जंगलों में खो जाती है
अचानक ध्वनियाँ तेज हो जाती हैं
इसलिए नहीं कि बीच गड्ढे दोनों
हाथ-पानी करे हैं
बल्कि इसलिए
कि लारियों का ताँता
अगल-बगल टूटने लगा है
दुर्घटना कुचल सकती है लव-कुश!
आकाशवाणी-सी वह प्रकट होती है
लपकती
राम भी, रावण भी
शंकित हैं, कुपित हैं
उसके प्रति।

शताब्दी खत्म होने से पहले

शताब्दी के खत्म होने से पहले
खत्म हो गया दुनिया का सबसे बड़ा
नाटा आदमी—गुल मुहम्मद/ (साढ़े बाईस इंच, 42 साल)
निमोनिया में आखिरी साँसें घुसाकर

शताब्दी के खत्म होने से पहले
खत्म हो गया दुनिया का सबसे बड़ा
लम्बू आदमी—आलम चन्ना/ (7 फीट 8 इंच, 42 साल)
एक मुट्ठी गुर्दे में आखिरी बीज डालकर

दोनों के नाम दर्ज हैं शताब्दी खत्म होने से पहले
दुनिया की सबसे जानलेवा आँकड़ों वाली किताब में
गिनीज वर्ल्ड बुक ऑफ रेकर्ड्स
(हजारों पृष्ठ, हजारों डॉलर)
शताब्दी खत्म होने से पहले
गाभिन धरती का पेट चीरकर
जुड़वाँ मुल्क निकलते हैं—एक हिन्द, एक पाक
एक नाटा, एक लम्बा/एक गुल, एक चन्ना
एक ही कोख के दो लाल
अपने-अपने कीर्तिमान दर्ज करते हैं
और एक-से बदहाल, बीमारी में मरते हैं!

आपत्ति

यह झूठ है हम तुम्हारी मारुती से जलते हैं
तुम्हारे कोठी-बंगले-कार
धन-दौलत पर नहीं निगाह
हमें नहीं चाहिए वह
जिसके लिए मेहनत नहीं की;
    पर जिसके लिए खटे
    पसीना बहाया, वह तो दो
    हमारी मजूरी ना काटो!
हमें भी तो थोड़ा प्यार है अपने बच्चों से
उनके लिए फल-हारलिक्स नहीं
दो एक टाइम दूध तो हो,
हम सर्दी सह लेंगे ठिठुरते
उनके लिए कोई कपड़ा तो हो,
हम चलो देह को कस कर झाड़ लेंगे
उनका इलाज तो हो
    बीवी को क्या दे सके हैं?
    वह खुद ईंटें ढो लेती है
    पर कभी उसकी माँग से पहले
    साड़ी सिन्दूर तो हो!

रौस टापू

समन्दर किन्हीं गुप्त खजानों की खोज में
अधमरा हो चुका है।
जिस हिसाब से उसने अपने किनारों पर
करोड़ों डॉलरों की सभ्यताओं को
छेद-छेद कर डाब गाछों की जड़ों-संग
ला पटका है
नहीं लगता अगले करोड़ों वर्षों तक
आदमी की जड़ का कोई सुराग मिलेगा।

तैरने वाले जानवर और उड़ने वाले जलचर
दोनों के साथ एक ही बर्ताव किया है उस ने।
धरती खाली बोतलों की तरह
शराबी हाथों से लुढ़क कर
इसकी लहरों में डोल रही है
इस के ज्वार-भाटा और हमारे मूली-मैदा
दोनों को एक इतिहास चाहिए
जो यहाँ मिलता है फरजन्द अली स्टोर में
रौस टापू पर। मिलता है
सैनिक कब्रगाहों और मरी हुई पावरोटी-भट्ठियों में
और ठीक पीछे जमींदोज सुंरगों में
जो समन्दर की तह में स्वतन्त्रता की मशाल डुबोने
चलती है पोर्ट-ब्लेयर तक।

प्रभु! मेरे देश को टूटने से बचा लो प्रभु

प्रभु! मेरे देश को टूटने से बचा लो प्रभु!
पाँच गाँव तो क्या
सूई की नोक नहीं देंगे,
नदियों ने कभी नहीं कहा
वे पाँच क्यूसेक तो क्या
बूँद का रोआँ तक नहीं देंगे,
धरती उजाड़ हो जाए
सीमाओं पर बाड़ हो जाए
आतंक के नाम पर वे बस्तियाँ चाट जाएँगे
कौम डकार जाएँगे
पर जिद से नहीं टलेंगे
चंडीगढ़ नहीं देंगे।

कब प्रार्थना करेगी माँ!

जानता हूँ माँ!
मेरे जन्म के समय तुमने बहुत प्रार्थनाएँ की हैं
चलीहे काटे हैं
मेरी बीमारी पर कई उपवास किए हैं
मुझे तेरी मनौतियों ने बड़ा किया माँ!
तेरे भगवान ने मुझे पास किया माँ!
फिर तूने प्रार्थनाएँ कीं, मुझे नौकरी मिले
फिर गिड़गिड़ाई कि मेरी शादी हो!
तूने फिर मिन्नतें माँगीं कि मेरे बच्चा हो!
माँ, तू सिर्फ प्रार्थनाएँ करती रही है
आज जब वे मुझे गोली मार गए हैं
तू देवता मना रही है कि मेरा दर्द कम हो
...मुझे नींद आ जाए!
सड़ी बदबू से मेरा जेहन भर गया है
माँ, तुझे मेरी कसम!
तू कब प्रार्थना करेगी
मेरी बन्दूक से उनकी मौत हो जाए!

रहा पिराता सारा दिनवां

कितना मुश्किल है
केले बेचकर पेट पालना
अपना और बच्चों का
निश्चित ही आसान नहीं
बड़ा टोकरा लादे सर
ढोते फिरना लोगों तक
कन्धे से बच्चा लटकाए
तीनों बैठी हैं थक
बिजली खम्भे तल
एक जगह ही
कम-से-कम पर माल बेचतीं
इक-दूजे से होड़ लगाए
वर्दीधारी देख गया
बादल भी देखो घिर आए
बोझ हटे
जल्दी घर पहुँचें
चौका-चूल्हा जा सुलगाएँ
अलस्सुब : घर से था निकला
रहा पिराता सारा दिनवां
शाम हुई
वह भी घर आए

तुममें खून है, इसलिए उठो!

लेटे रहोगे
तो बेशक ताउम्र लेटे रहो
बाहर तादाद होंगे मच्छड़
और यादें बरबाद अन्दर
खुली आँखें देखते रहो मच्छरदानी के पर्दे पर
दिमागी घोड़ों के करतब
पर अगर कुछ चाहते हो तो उठो
अपनी ढील से उठो
फिल्मी-तिलस्मी हॉल से उठो!
मुर्दों को नहीं काटते
मुहल्लों के सड़ते-रिसते नाले
तुममें खून है, इसलिए चूसेंगे
गोदामों, दफ्तरों और चुनावों के मच्छड़
गन्धाते गड्ढों से उड़।
तुममें खून है, इसलिए उठो
पहचान लो
कौन थूक-खँखार रहे
कुल्ला मलार रहे
जूठन पखार रहे
खाने-खिलाने-डकारने के बाद
समझ लो
कहाँ जम रहा प्रणाली का कचरा
कहाँ से रिस रहा दमघोंटू खतरा

किधर से संडास पानी घुस रहा
कहाँ-कहाँ नए-नए मच्छड़ों का जन्म हो रहा
तुम उठो
क्योंकि तुममें खून है
आत्म-दाह के लिए, नहीं
लंका-दाह के लिए,
आपसी कत्ले-आम के लिए नहीं
सही राह के लिए
बरबाद यादों के वीराने से निकल
हकीकत के पर्दे पर देखने को
जो तुम चाहते हो।

दिलीप चित्रे से

किताब पलट मैं जूते के फीते बाँधता हूँ
और ग्रहों की ओर चल देता हूँ
तुम्हें मालूम है दिलीप! तुम्हारी कविताएँ पढ़ते
मैंने कई शब्दों को पूरी तरह घेर डाला है
मैं उन्हें बम्बई नहीं जाऊँगा ढूँढ़ने
यहीं जब भूख एक बड़ा सा डकार लेगी
मेरे अन्दर या जुम्हाई काँपेगी
मैं उन्हें एम्बुलेन्स में सफर से निकालूँगा
और ग्रहों की ओर चल दूँगा।
कवि पिंजरे की यात्राओं का मुसाफिर नहीं
आज ज्ञानदेव, तुकाराम लिफ्ट से
अठारहवीं मंजिल पर निकलते
तो उन समझौतों के खिलाफ बोलते
जिनकी तैयारी विश्व सुन्दरियों की
जाँघों पर हो रही है
अभंगों का संकट आज हमारी मानवता भंग कर
रहा है!
सेनाओं की कवायद से सड़कें
हमारी साँसों की तरह ल़ाल भड़क उठी हैं
मिसाइल हमारी थाली में नाच रहे हैं
कविताओं की तुम्हारी किताब मैं खत्म करता हूँ
खाने की मेज पर पलट
मंसूबों के जंगल जूतों से बाँधता हूँ
और ग्रहों की ओर चल देता हूँ

कविताएँ

बहुत सी कविताएँ लिखना चाहता हूँ
साम्प्रदायिक सद्‌भाव के बारे
भाई-चारे, प्यार-मुहब्बत
और इन्सानियत के बारे
आकाशवाणी नें कहा है
वे प्रसारित करेंगे ऐसी कविताएँ
साम्प्रदायिक सद्‌भाव
भाई-चारे, प्यार-मुहब्बत
और इन्सानियत के बारे।
लोगों ने कहा
हमने सुनी हैं पहले भी
और इससे बेहतरीन भी
कविताएँ और ग़ज़लें
रूहानियत, साम्प्रदायिक सद्‌भाव
भाई-चारे और इन्सानियत के बारे!
पर तुम जाओगे कैसे?
आगे बन्द है
तिपहिए नहीं चल रहे।
तुमने लिखा है कुछ
या सोचा भी है
नौशाद की हत्या के बारे
पुलिस की गोली से मरे मासूम के बारे?

बहस

वे फिर धर्म पर बहस करने लगे थे
पृथ्वी सबका वहन करती है
वह भू है
उसमें थोड़ा प्रकाश है भुवः
मैं तर्क नहीं करना चाहता, वह कह रहा था
हालाँकि मैं कुछ नहीं जानता
ओंकार क्या है और एक ओंकार क्या है
समाधि के लिए इसके बगैर
वे नौजवान थे और धर्म-क्रान्ति की बात कर रहे थे,
बस का भाड़ा देते वे खिचखिच किया करते थे
जुगुप्सा नीली होठों में दबाए वह मुड़-मुड़कर घूरने लगी थी
तैश से पल्लू ब्लाउज में खोंस
पण्डिताई पर वह कनखिया दाद दे रही थी
धर्म ने जिन्हें भिक्षुणी की बजाय रंडी बना दिया
समाज ने जिन्हें रोटी के लिए
कोठे पर पहुँचा दिया,
क्या वे समाधि के लिए सम्भोग पर उतर आई हैं?
भगवान शब्द का पूरा अर्थ वेद बता सकते हैं
परम ज्ञान
तत्व-द्रष्टा
शब्द खाली पीपे-से बजने लगे थे
नीली जुगुप्सा उन्हें घूर रही थी
वे धर्म पर बहस करने लगे थे!

हॉट स्ट्रिप मिल

एक जहाज छूटता है छठे घर से
उस पर बारिश होती है चौबीस बादलों की
पंख भारी होने के डर से
जेट की रफ्तार पकड़ लेता है।
जब नाक ब्लॉकर की उँगलियों में कस जाती है
पीछे धुआँ छोड़ता है, आगे आग
पाँच मि.मी. चेकर प्लेट मैन्ड्रल पर
रब्बी इल्हाम-सा उतरता है
जलजले का नाभि-बिन्दु धरती की कोख से उभर
तीन नम्बर बेलन पर ठहरता है
तूफानी सीटी चुप हो जाती है
छिपकली की पूँछ पटपटाती है!
हॉट स्ट्रिप मिल के प्यारे कर्मियो!
कृपया ध्यान दें!
जहाज जमीन छू चुका है
गले पर बँधी सुरक्षा-पट्टी खोल दें!
इसे कुर्सी पर बाँध दें
और अगली उड़ान के लिए नम्बर छः
फिनिशिंग स्टैण्ड पर नजरें गाड़ दें!
बाहर का तापमान साढ़े पाँच सौ डिग्री सेल्शियस हो चुका है
कुण्डली संख्या की घोषणा हो चुकी है
मोर्चा-गर्द से स्याह छत के नीचे
सफेद फाख्ता अभी भी
रात-पाली के डैने फड़फड़ाता है!

मौत-दर-मौत

चूहे की तरह कोने में फँस आदमी
ढीली छोड़ देता है देह
सुपुर्द कर देता है प्रहारों को।
तब वह मर चुका होता है
जीने की सारी इच्छाओं के खिलाफ।

कितना फासला ही रह जाता है
आघातों और दम के टूटने में?
मौत कबूलने और प्राणों के छूटने में?

कसाई

वह कसाई था
एक एक हत्या का फल उसे मिला
इस तरह अकेले उसने सामूहिक हत्याओं का
बोझ अपने सर लिया
अकेले भोगे उसने
कई-कई जन्म कारावास
अकेले मिला उसे
कई-कई बार मृत्युदण्ड
अकेले मरेगा कैसे बार-बार?

पर उनका क्या हुआ
जो उकसा रहे थे—और मारो! और मारो!
आग लगा दो!!
उनका क्या हुआ
जो चिल्ला रहे थे—और लाओ! और लाओ!
खून दो! मांस दो!
चॉप दो! रॉन दो!! कलेजी दो!!!
उनका क्या हुआ!
जो लगातार माँग रहे थे खरौड़े और अँतड़ियाँ
उनका क्या हुआ,
जो कुछ भी छोड़ना नहीं चाहते थे
कपूरे, मूँड़ी, केश!
उन इज्जतदार हत्यारों का क्या हुआ

जो कुढ़े थे बच्चों पर—
सँपोले भी मार डालो! जला डालो!!
उन दयालु रहनुमा जल्लादों का क्या हुआ
जो पर्दे के पीछे से मृत्यु नचवा रहे थे नंगी
उन भगवानों का क्या हुआ
जो सेंक रहे थे चश्मे के पीछे से आँखें?
इतने कारावासों, इतने फाँसियों का दण्ड
भुगत सकेंगे इसी जन्म में?

मुकाबला

जहाँ रिक्शा नहीं खींच पाता
वह खींचता है
सवारी बैठी रहती है
वह उतर जाता है
सीट से रस्सी बँधी रहती है
चढ़ाई पर चाल नहीं कमती।
वह गाड़ी नहीं छूटने देता
झुक जाता है
गति टूटने नहीं देता
हाँफ जाता है।
सवाल बख्शीश का नहीं
भाड़ा सवारी पहले तय कर लेती है
फिर वक्त देती है
बार-बार घड़ी देखती है
इम्तहान लेती है।
सवारी ऑटो पर चल सकती है
गाड़ी पकड़ने का विश्वास रख
रिक्शे पर आई है
सवाल बख्शीश का नहीं
मुकाबले की कमाई का है!

नया साल मुबारक

पतली टेढ़ी पत्ती-सा
टिका-टँगा है नया साल
उखड़ चुके हैं सारे माह
तस्वीरों-तारीखों के साथ
बयां हो रहा दीवारों पर
आँखों देखा हाल!

छू-छू लकड़ी हर दिन काटा
जीने का सुख डर ने चाटा
सर पर लटकी रही हमेशा
बेकारी की तलवार
बारह पगारों में बिक गए
जैसे बारह साल!

कंगाली में आटा गीला
गिरस्ती का पंजर ढीला
महँगाई के ओखल में सिर
कर्ज की मूसल मार
दबी ज़ुबाँ निकलता मुँह से
नया मुबारक साल।

मीठी रेत

रेलवे लाइनों के बाजू
जिन्हें मेरे बाप-दादों ने बिछाया था
मैं मीठी रेत लेकर चल रहा हूँ
गाँव की तरफ
चाँद मेरे बिल्कुल सामने
इतना करीब कि पकड़कर उठा लें
हवाओं में।
मेरे कदम लगातार पत्थरों में बल खाते
घर पहुँचने की धुन में
नहीं, मुझे अन्तरिक्ष नहीं
अपनी बच्ची चाहिए
जिसके लिए मैं मीठी रेत ले जा रहा
राशन दुकान से।
वह मेरा चाँद इतना करीब
अपने हाथों में
जिसे उठाकर
गोद में उछालकर
अन्तरिक्ष एक सूना आकर्षण लगता है।

वसन्त-कुंज के बूढ़े

सुबह बूढ़ों के लिए वरदान होती है
और दूध की लाइन पुनर्जन्म
घर तो ऊँचा बोलने नहीं देता
और यहाँ कौड़ी-बदले जीवन की
भरपाई
लोक-जागरण से करते हैं
रतसोई से हीरे जन्म मुक्त करते हैं।

वे हत्याओं की बात करते हैं
जिनसे आजकल बच्चे भी नहीं बचे
वे बेटों-बहुओं की बात करते हैं
जिनसे ऊँचे-ऊँचे ओहदे नहीं बचे
फिर वे गउएँ बन जाते हैं
चरने के बाद जुगाली करतीं
सैर उनके फेफड़ों से कुछ नहीं
निकाल पाती
वे अखबारों पर लोटते-ऊँघते हैं
और रहस्यों समेत बड़ी देर तक
अपने शहरों में खो जाते हैं
धूप उनके रोम-कूपों से कुछ नहीं
उगलवा पाती

वे नौकरों से ऊँची आवाजों में

पानी की बात करते हैं
कसरत की बात करते हैं
और चिट्ठियों के लिए
पत्र-पेटियों से लटक जाते हैं।

चाँद-कवर

मैं अपनी मांस-पेशियों के लगातार गुम होते चले जाने की बात
सोचता हूँ
और सोचता हूँ कि जिस्म जिस तरह ओस में तर
बर्फ के मानिन्द होता चला जा रहा है
क्या पूरा चाँद एक लम्हा गाड़ी के कवर की तरह
फैलाया नहीं जा सकता?

तिरपाल में पीतल के छेदों से पता चलता है
अगले या पिछले होने का
पर दोनों में से साबुत तो कोई भी नहीं न!
पहला पतला कवर जो गाड़ी के जिस्म से
सूती साड़ी सा चिपक जाता है

और उसके ऊपर तिरपाल-सा मोटा दूसरा
दोनों एक दूसरे को ओढ़ते
एक-दूसरे को पूरते हैं
एक जहाँ फटा दूसरा वहाँ ढँकता है
जिन्दगी और मौत की तरह

आत्मा को दोनों कवरों की जरूरत है!
जो ओस में तर हो जाती है
लोहे की चादर-सी बर्फा जाती है पूरी चाँदनी में
क्या एक लम्हा चाँद को खींचकर
कवर की तरह फैलाया नहीं जा सकता?

मरती माँ के लिए

माँ! दाखिल हो चुकी हो तुम
वातानुकूलित शयन-यान में
अर्द्ध-पारदर्शी काँच के पार
दिख रही हैं तुम्हारी धड़कनें
और चेहरे पर उड़ रहीं
लगभग गड्ड-मड्ड
यादों की परछाइयाँ
जैसे साबुन की पतली झिल्ली पर
बिलाते-मुस्काते इन्द्रधनुष।

मैं जो बोलूँ
और तुम जो...
सब ये मोटी तहें भेद
नहीं जुड़ता
संलाप नहीं बनता।
किन्हीं अनजान ऊँचाइयों पर से झुकी
तुम मानो लहरा रही हो
लकवा खाई बाँह।

मृत्यु इतनी आसानी से समझ में आने वाली है?

यह एक ट्रेन है
जो धीमे-धीमे रेंग

ले जाएगी तुम्हारा विचित्र डिब्बा
जिसमें दाखिल हो चुकी हो तुम,
और मैं छूट जाऊँगा
प्लेटफॉर्म पर हाथ हिलाता
मुँह जोहता
कहता-न कहता
संवाद-विहीन
एक ठहरा यात्री।

घड़ी और वक्त

घड़ी सिरहाने रख लेने से
वक्त चपरास नहीं करने लगता
जागना और सोना
महज आँखों के चलते नहीं होता
दक्षिणी ध्रुव की रातें किसने सोकर बितायी हैं
उत्तरी ध्रुव के दिनों कौन जागता रहा है?
पृथ्वी खड़ी हो जाए तो
सूरज नहीं घूमने लगता
वक्त घड़ी-सा किसी चाबी का
मुहताज नहीं होता।

सूईयाँ कुछ अंकों के हिसाब
दुहराती रहती हैं रात-दिन
गो सच तो यह है
घड़ियों का कोई हिसाब नहीं होता
लम्हा जो गुजरता है
डूब जाता है दरिया-माजी में
फिर कयामत में भी हासिल नहीं होता
घड़ी वहीं होती है रखी
लौट आओ दुनिया के फासले तय कर
मुद्दतों बाद भी
कुछ नहीं कहती।
वक्त ऐसा नहीं करता
तुमको देख ले तो बस
चुप नहीं रह सकता।

शहर

शहर क्या है
दुकानों की दुकानें हैं
दो-लो, ठण्डा ओ' गरम, औरत-कोना
खुश रास्ते, ताम-झाम, वगैरह-वगैरह
पैसा कमाने की धुन है
नोच लेने, लूट खाने की धुन है।

शहर क्या है
पेट्रोल का धुआँ है
आँखें फोड़ती कार्बन-धूल है
एक्का, विवेकानन्द, श्रीकृष्ण
बिरसा, इन्दिरा, वगैरह-वगैरह
नाम कमाने की धुन है
वोट जुटाने की धुन है
चूतिया बनाने, चूस खाने की धुन है।

शहर क्या है
दो सौ छप्पन घर्षण-कण हैं
कसाई टोला, दर्जी मुहल्ला, हिन्द पीढ़ी, डोरान्डा
कडरू, मोराबादी, धुर्वा वगैरह-वगैरह
मुर्गे लड़वाने की धुन है
लकड़ी चिरवाने की धुन है
ब्लैक करने, चन्दा उगाने की धुन है।

शहर क्या है
ताबूतों की कतार है
गड्ढे, बारूद, छुरेबाजी, आगजनी,
दुर्घटना, छिनताई, बलात्कार वगैरह-वगैरह
सिक्का जमाने की धुन है
धन्धा चलाने की धुन है
पीछे ठेलने, आगे धकियाने की धुन है।

तकलीफ

गरिमा यह नहीं कि मैं सुरक्षा गलियारे से घुसूँ
रजिस्टर में अपना नाम-पता लिखवाऊँ,
परिचय-पत्र दिखाऊँ
फिर मत्था टेकूँ और प्रसाद ले
तय मियाद में बाहर आ जाऊँ।
        बहाल कर दो वह माहौल
        जब मैं रब के आगे दिल खोलता था
        खुद से बोलता था—
        ईश्वर अल्लाह तेरो नाम
        सबको सन्मति दे वाहे गुरु
        मुझे हिम्मत दे सच्चे पातशाह!
        वे बुराई करें हम भलाई करें
        एक नूर ते सब जग उपज्या
        कौन भले कौन मन्दे!
आज दिल भारी है
उन बेवाओं के लिए
माँओं के लिए
जिनके घरवाले पुलिस ने भूने,
या आतंक ने।
जिन्हें भीड़ ने जलाया
या कानून ने।
आज दिल में हूक उठती है—
तस्करी करनेवाला मरता है

और जो ढाई सौ करोड़ लगाता है
राजधानी में ऐश करता है!
    यह हशीश किसकी है?
    ए.के. मशीन किसकी है?
    मरनेवाला गलतफहमी में दम तोड़ गया
    मारनेवाला नशे में बारूद छोड़ गया।
तकलीफ क्या है,
सच कहता हूँ सब सह लूँगा
मुझे किसी सोन मन्दिर की नहीं
मेरी गरिमा वापिस ला दो!
    मैं लैम्पपोस्ट से घण्टों पूछता रह जाता हूँ—
    हे भगवान! गोली उसे क्यों नहीं लगती
    जो कम्प्यूटर पर योजनाएँ खींच रहा है
    जो आलीशान महल में फूट के गमले सींच रहा है!

कई बार नजर

कई बार ख्याल आया कि किसी बहाने
तुम्हें मिलूँ और देखता ही रहूँ
कई बार यह कि तुमसे कह दूँ
देखना है,
देखना है, बस।
किसी कविता के बहाने नहीं। तू एक नजर है!

मोची

धूप में सुलगते टाट के टुकड़े तले
जूतियाँ छोड़ पेट राँपने लगा था
दर्द पसीने से बहकर उसकी
रान में काँपने लगा था

और छः ख्यातनामा ज्योतिषी
हीरे-जवाहरात की दलाली में लगे थे
बचपन सँभालने में आम गुठली तक बुढ़ा गए थे
जिन्दगी की झूलती धुआँती रस्सी
बीड़ी की जगह आँखों में धरा दी
आर्गेजा की साड़ी जैसी फरफर जल उठीं नब्जें
बातों में मशगूल राह रोके खड़े थे पण्डित

ठेले पर जा रही थी कुर्सी
अकेले चारों तरफ घूम-घूम देखनेवाली
गोल गद्दीदार और पीछे उनकी कार

घूम रहा था वह भी दिमाग पर बैठा
धूप में चक्कर खाता
जूतियाँ फेंक अकड़ाने लगा था
भींच मुट्ठी में आँतें!
दर्द पसीने से बहकर झाड़ने लगा था साँसें!

उनका माली

उनका माली गोद में बिठा
बिटिया को सिखा रहा था
गिनती—पैंतीस-छत्तीस-सैंतीस
और दुहराती पीछे बच्ची तुतली
तीन साल की—
अलतिछ।
अड़तीस
—उसकी उम्र के साल
और पके बाल
आँख और गाल के गड्ढे
अभी देर है
चूल्ही जलाई है
अब गूँधे हुए आटे की चकले पर
लिपटने की बारी है
गिनती जारी है—
पैंतालीस
जवाब से पहले बिटिया माँ पर
ललचाई है
उसने देखा—बाहर चाँदनी
बादलों पर छाई है
धूप की तरह
डाल रही है कीचड़ पर
नाँदों के साये

कुट्टी और दाल के दाने छितराए
हुंपूप—लम्बी हुंकार छोड़ी है
        अघाई पगुराती भैंस ने
कुतिया बगल की झोंपड़ी में
        सर दिए लेटी है
दिन-सी रात
        महीने-सी रात
उसे याद आई किरासिन की बात
हड्डियाँ जलाकर जुगाड़ा छटाँक
        भर
अरे—आज चाँद के आगे
        ढिबरी की क्या औकात
        लुगाई समझ गई।
पर बिटिया अब कैसे बहले?
देख, बबुनी देख—
        माई ने धरा तवा पहले
        तब बेलेगी रोटी
तू भी बनाएगी?
मुझको खिलाएगी?
माई से लुका कर?
सीख ले गिनती सौ तक
फिर पहाड़े
तब जाएगा स्कूल
मेरा गुलाब फूल
बुच्ची—कै रोटी खैबू?
नानी घर जैबू?
देख आयल बरात
राजा जी के साथ
तू बनेगी रानी?
पढ़ेगी तब नू।
नहीं जलती आग
बुत बुत जाती है

माई फूँक के धराती है
चिनगारी लहकती है
लपट छिटकती है
आती है हवा
ठण्डा है तवा
रोटी बौराई है
बबुनी ललचाई है
भूख बहुत भारी है
गिनती जारी है—
उनका माली गिनती सिखाता है
पानी दे रोज बगिया बहकाता है।

बोलो जसबीर

हम तीनों कुछ नहीं बोलते।
सब मेरे बोलने का इन्तजार कर रहे हैं
और मैं अपने चुप होने का
सदा के लिए।
क्योंकि अभी मेरे बोलने का कोई अर्थ नहीं
जैसे मेरे चुप होने का।
वक्त ने बहुत सारी चीजों को
चाकू की तरह नंगा कर दिया है।
हम तीनों को भी।
एक-दूजे के छुपे हथियार हमें पता हैं
दीख रही हैं जुबानें साबुत
फड़क रही है आवाज-नली
तीनों कुछ नहीं बोलते।
मन नाली, बोली कचरा
बेशर्मी की हद तक सब साफ है।
मुझे नहीं लगता, वे बोलेंगे कभी भी
कभी नहीं बोलेंगे वे
सदा के लिए नहीं।
तय कर रखा है दोनों ने इन्तजार
मेरे बोलने का
ताकि वे वक्त को नंगा कर दें
चाकू-सा
खुद को मोड़ कर रख लें भगवा चोलों में।

सोचता हूँ बोलूँ
मैं हीं बोलूँ
बोलने के बाद भी तो सोया जा सकता है सदा के लिए
चाहे कोई अर्थ न लगे
जैसे नहीं लगता चुप का।
बोलने के बावजूद चुप रहा जा सकता है
चुप रहने के बावजूद बोला जा सकता है
पर बोलूँ
कल कोई यह न बोले
कोई बोला ही नहीं
नहीं तो और भी बोलते।
सोचता हूँ : बोलूँ
ताकि कविता गवाह रहे
बोला जसबीर
तो सारे बोले।

पूरबिए

एक-एक थैला था उनके पास
एक-एक देह
उसमें थे
एक-एक जोड़ा वस्त्र
एक-एक गाँव।

कपड़ों से निकलते
एक जोड़ा हाथ
एक जोड़ा पाँव
बस में मिली एक-एक ठाँव
न ताका उन्होंने,
न झाँका उन्होंने सीटों के नीचे
न अलार्म रेज किया
न कमाया इनाम।
बस बतियाते रहे मुँह जोड़
चिड़ियों-सा
जरा नहीं चीं
जरा नहीं चाँव
ऊँघने लगा मर्द औरत की छाँव।

लुढ़के पूरबिए एक-दूजे के कन्धों पर
लटक गईं गर्दनें
ढील गए बदन

नींद के झोंकों में झूलते पाँव
डोले ज्यों नदिया की धारा पर नाव।

जहाँ बम हो सकता
रखा था घास
सालती यादें, देशवाली बास
अपने ही जिस्मों में विस्फोटक घाव।

सीट रही साबुत
बस रही साबुत। साबुत पड़ाव
दिल्ली की यात्रा/पिछड़ रहे गाँव
छिटक गए हाथ/उखड़ गए पाँव
टुकड़ा-टुकड़ा सपने
टुकड़े-टुकड़े गाँव।

अँधेरा गरीबी का

पचास दीवालियाँ
बेहिसाब त्यौहार
अनगिनत मोमबत्तियाँ-दीए
सैकड़ों ऐसे मौके
जिन पर प्रकाश ही प्रकाश

नहीं रोक सके अँधेरा गरीबी का।

मेरे देश! तारीखें बढ़ती जाएँगी
कमेंगे न क्लेश,
गलत हमारे चलन, झूठे संकल्प
छद्म हमारे वेश।
आओ विचारें....आओ विचारें
रटते थके,
न मिलकर जुटे
समस्याएँ जस की तस
आरम्भ ही नहीं
कहाँ से हो शेष?
गहराता नित अँधेरा गरीबी का

युद्ध

युद्ध शुरू हो चुका है
लाशें मवेशियों की तरह सीमाओं में घुस रही हैं
नदियों में बहकर,
बाँक से बँधकर।
नहीं बजे शंख
टंकारे तूणीर तो क्या हुआ?
देखो अखबार
फोन-फैक्स भरमार
जवाबी बौछार
सरहदों के आर-पार
बयान-बेशुमार, नियन्त्रण रेखाओं के डकार
लगता नहीं युद्ध शुरू हुआ?

एकान्त

1

रसोई की खिड़की से नजर रख सकते हैं बाहर
बाहर जीने से सीढ़ियाँ चढ़ती हैं ऊपर
ऊपर एक कमरा है सजा-धजा अन्दर
अन्दर से दरवाजा खुलता पिछली छत पर
छत पर झूला है, मारें गपशप बैठकर
गपशप खुली बयार है; नजर आओ श्याम सुन्दर!

2

एकान्त यह
चींटी की चीनी
कोई अन्त हो तो कहूँ।
एकान्त के अन्दर है नाक
बाहर आम-जामुन के दरख्त
वक्त—
पथरीले किनारे उगा आवारा वट
इन्तजार के अलावा का एकान्त
कोई आदि हो तो कहूँ।

ममी खोल देने वाला
टुकड़े-टुकड़े काँच अतीत
कई-कई बार चुसी गुठली-आवाज
कोई एकान्त बीज।
झलक-झलक पलक झपकने में शुमार
कोई मध्य हो तो कहूँ।

वर्तमान

1

कुत्ता गधे की नींद सो रहा है
गधा देखो पेशाब कर रहा है ’47 से।
नगर तबाह हो गए
समुद्र-तट उजड़ गए
बस्तियाँ बीमारियों की खान बन गईं
कोई धारा उसे रोक नहीं पाई।
एक में घुसा कुम्भकर्ण
दूजे में गंगा समाई।

2

मिनिस्टर बोल रहे हैं, आवाज सुनाई नहीं दे रही
सवाल दिखाई दे रहे हैं, जवाब की भनक नहीं।
साल पूरे हो गए हैं, दूरदर्शन पेश कर रहा है
राजनीति के धुरन्धर धनुर्धर रथों पर सवार
ओजस्वी भषणाते चेहरे दिख रहे हैं
गरीबी उखाड़ फेंकने के इशारे करते।
परेशान त्यौरियाँ
चिन्ता के हाव-भाव
क्या कहना चाहते हैं मिनिस्टर?
वॉल्यूम बढ़ा देता हूँ
चैनल बदलता हूँ
4 से 44 छान डालता हूँ।
कहीं शब्द नहीं।
जरूर गूँगा हो गया है मेरा देश!

लौट जाओ

लौट जाओ कीड़ीओ!
लौटना ही होगा अब तुम्हें
दिल्ली उठ चुकी है दौलताबाद को।
लुट जाएँगे घर-बार अफरातफरी में
उजड़ जाएँगे कुनबे कुछ इधर, कुछ उधर।
नए सिरे से होंगी जिन्दगानियाँ शुरू
नए तरीके होंगी मौतें।

रोटी है, सुगन्ध है दुनिया की सबसे मादक
खींच लेगी हजारों-लाखों मील
लौट आती हैं आत्माएँ जन्मों-जन्म
धरती है नरक इसके बिना।
लौट जाओ, रिफ्यूजी हो तो क्या
हिम्मत बनाती है घोंसले
कुचले बरबाद होकर भी जिस्म बनते हैं पूज्य।
पस्त नहीं होती जिनमें पैरों पर खड़े होने की कोशिश
वही करते हैं पार आग का समन्दर बिना डूबे।

नींद

1

नींद के बारे में कोई सवाल
रात से पूछना बेकार है
उसकी गिरह कोई गोली नहीं।
पूछना ही है तो आकाश से पूछो
जिसका हर तारा एक जवाब
देगा
इस तरह तुम्हारे दामन में
इतने कारण होंगे
कि उठ बैठोगे
और जिन्दगी भर नहीं सोओगे।

2

अँधेरे में पड़ा गिलास
कितना निरुपाय होता है
उसके पास कोई दृष्टि नहीं होती।
उसमें भरी होती हैं सिर्फ आवाजें
जिसे सिर रख गारा ढोती मजूरिनें
असहज कुछ गाती रहीं
नल के पास पटक जिसे
पानी पी फिर नहीं लौटीं।

3

करवट बदलकर सो गया हूँ
अब आँखों की जद में है
संसार का दूसरा हिस्सा
नींद की पकड़ में है सारी दुनिया
जिसे चाहे जीत सकता हूँ
सपनों के भरोसे।

4

छत पर बिछी चटाई
फैलती नहीं
उड़ने लगती है
आकाश में
तारों में।
उस पर सोया आदमी उतर आता है
नींद की गोताखोरी में।

चार ईंटें

चार ईंटें हैं छत पर
बच्चे जिनसे खेले दिन-भर
फिर वे उतर गए
कमरों में पंखे चल रहे हैं
जहाँ वे सो रहे हैं
चार ईंटों-से।
हवा छत पर
चार ईंटें सुला रही है।

सपना

दिमाग में जो घुमड़ता है
वही तो सपनों में आता है
महज इत्तफाक है गर
इसमें कुछ सच हो जाता है

मरहम

वक्त ऐसा मरहम है
जहाँ-जहाँ गुजरता जाता है
भरता जाता है घाव।
परत-दर-परत
चढ़ता जाता है जख्म के ऊपर
लेप-सा।
सिर्फ दर्द उसका जिगर से नहीं
जाता
वहाँ नहीं चढ़ता मरहम।

भाषा

एक बच्ची है
जो प्यार करता है
उसी की हो जाती है।

हिन्दी

एक अबोध बालिका
पलने में ही छोड़ चल बसी
महतारी
सौतेली माँ का प्यार
बड़ा तो करता है
पैरों पर खड़ा नहीं करता।

नाम

एकता एक कुर्सी का नाम है
अखण्डता एक वंश का।

ज्ञान

ज्ञान अगर विनम्रता की मिठास
नहीं भरता
अहंकार का विष भर देता है
धर्म अगर सहिष्णुता नहीं रंगता
जीवन नर्क कर देता है

रद्दी

अखबारों संग आएँगे
डाक संग आएँगे
ऐसे सन्देश जिन्हें
हजार जगह लिख भेजोगे
खड़ी किस्मत के लिए।
डरोगे,
अगर न भेजा
भुगतना होगा
जैसा लिखा सन्देश।
अथवा सोचोगे
क्या बकवास है
करता यह सब निठल्ला।
ठहरो! फाड़ना नहीं।
देख लो क्या लिखा पीठ पर?
कुछ नहीं? साफ है
बहुत खूब।
सवाल लगाओ? या दो मुन्ने को
बनाए घिचमिच
बत्तख, डायनासॉर...शक्लें अनजान।
याद करो, बापू पिनें निकाल लेते थे
कागज कूड़े में डालने से पहले।
रद्दी कुछ नहीं;
भरसक हो उपयोग हर कण, हर शक्ति-अंश

यही सन्देश।
हजार बार लिखो—हर बूँद कीमती।
कूड़े से पहले पूरा इस्तेमाल....पुनः इस्तेमाल
दुरुपयोग ही कारण डर का।

सफेद सुबह

चाँद उलझा खड़ा है
सूखी टहनियों के कोने में
डालता भीगी परछाइयाँ
हरी चादर पर।
कितनी ही खुसफुसाहटें पिघलकर
निर्जीव हो गई हैं धूल पर।
तारे ठिठुरे-से मौन
एकटकी लगाए
देख रहे दिगन्त पर
गुम हो जाना सर्द लहरों का।
सारी सुबह निस्पन्द तालाब-सी
बन चुकी है एक
धुआँती सफेद परत।

खुदा कि घूँसा

देख रहे हो जिस तरह मैं
गहराइयों में डूबता चला जा रहा हूँ?
यह अतीत की गहराइयाँ हैं,
कोई पाँक-पेच
फाँस-छल नहीं
इनका साक्षी मैं हूँ।
जो मैंने किया
उसका जिम्मेदार हूँ।
जो तुमने किया
अगर उसका दोष भी मुझ पर मढ़ते हो
तो भैयवा! जानता हूँ
खुदा से तुम्हारा घूँसा करीब है।

भगवान सारे

भगवान सारे एक होते हैं
ये इन्सान हैं जो बेवकूफ होते हैं
छोटे-छोटे घरों में बँटे होते हैं
बेमतलब की जिद पर डटे होते हैं
अपने-अपने मतलब से सटे होते हैं!

भगवान सारे एक हैं
तो मजहब भी एक हैं
पर आदमी के पास कुर्सियाँ हैं और शीशे हैं
अपने-अपने खेमे की दुकानें हैं!

वह धर्म को अपने चश्मों में रंगता है
दुकानदारी फैलाता है
ज्ञान को परचून की पुड़ियों में बेचने लग जाता है!

हालाँकि विवेक शाश्वत है,
हर मजहब से ऊँचा है
पर इश्तहारों के बल पर बिकने लग जाता है।
कोई बेचता है तो कोई खरीदने लग जाता है।
कहीं उसकी कमी हो जाती है,
कहीं इफरात हो जाता है
यानी कहीं उसकी बेकद्री होती है
कहीं बोली लग जाती है

और कहीं गोदामों में सड़ने लग जाता है!

जाहिरन सूद फलने लगता है
दुकनिए टकराने लग जाते हैं
जबकि भगवान सारे एक होते हैं!

राम-रावण

आओ हम राम बन जाएँ
सारे रावण मार गिराएँ
देखा यह गया कि सारे राम बन गए
रावण कोई न बचा!
पाया यह गया कि हमीं रावण थे
राम कोई न बना।

कूड़ा-पुरुष

सचमुच कितना आसान है कूड़ा उछाल देना
सीधे बाल्टे में
जहाँ गो माताएँ सेवन कर रही हैं
देशी घरों का विदेशी सौजन्य।
प्लास्टिक की गुत्थियाँ कबूल करता है
जहाँ नित्य कूड़ा-पुरुष।
धन्य है।
कूड़ा जब सड़ता है, फातिहा पढ़ता है
कूड़ा-पुरुष साइकिल-कैरियर पर
इतिहास गढ़ता है।

चैनेल-चक्रव्यूह

जब कलुषित हैं भावनाएँ
तो कैसे अच्छे होंगे कर्म?
यही काम किया जा रहा है—
सोते-जागते तुम्हारे विचारों में
यौन घुसाया जा रहा है
उस वक्त तुम जब पढ़ने-लिखने-बढ़ने
की उम्र में हो,
कच्चे पकाया जा रहा है
जो समाज तुम्हें काम में लाएगा
जो देश तुम्हें चूसेगा
उसकी नसों में तुम सुस्त जहर-से
दाखिल हो जाओगे/जाओगी अपनी
कलुषित भावनाओं और कामनाओं के साथ।
यह एक साजिश है
जो रात-दिन रंगीन पर्दों में चल रही है।
सावधान! मेरे कल के जवान!
अभिमन्यु की सन्तान!
तोड़ना तुम्हें ही है यह चक्रव्यूह
हम सब बड़े और कालजयी
बँधे अपनी प्रतिज्ञाओं से, योजनाओं के
व्यूहों में मजबूर
एक ही बात कर सकते हैं—
"क्या करें?

काश! यह विद्या हमें आती।"
अर्जुन जिस मोर्चे पर लड़ रहा है
उसमें खलल न डले
मृत्यु को पहिए पर नचाते
तुम्हें इसे तोड़ना है!

प्रश्नोत्तरी

क्या तुमने आँगन में सिक्के बोये हैं?
हाँ, मैंने गुब्बारों का पेड़ सींचा है।
क्या तुमने खाली दूध की बोतलों पर दिन लिखे हैं?
हाँ, मैंने गाय के मुँह में आटा डाल दिया है।
क्या तुमने बीजों को ढक दिया धागों के जाल से?
हाँ, मैंने रोशनदानों में चिड़ियों के घोंसले बनाए हैं।
क्या तुमने कल की सुबह को सपनों पर सेंका है?
हाँ, मैंने सोने से पहले सर पर कफ़न बाँध रखा है।
क्या तुमने चलने से पहले माँ-बाप
बीवी-बच्चों का मुँह देखा है?
हाँ, मैंने अपनी आँखों से लावारिस
हिन्दुस्तान देखा है।

डायरेक्टर

वह अपनी मारुति से निकलता है
और लिफ्ट में गायब हो जाता है।
एक लड़का आता है
उसकी गाड़ी पोंछता-चमकाता है।
दूसरे अफसर इस इमारत से दूर
कार खड़ी करते हैं
वे इन्तजार करते हैं
लिफ्ट में औरों के चढ़ने का।
उसका चपरासी ब्रीफकेस उठा
आगे को बढ़ता है
लिफ्ट घेरता है।
वह पीछे सिर को झटकाता है
उसका आदमी सीधा
उसके तल्ले (पाँचवें) तक ले जाता है।
पोर्टिको में अकेली खड़ी बी जे पी 2001 का मालिक
इस संस्था का डायरेक्टर कहलाता है।

जलेबी

खमीर की स्याही से लिख डालता है
बीवी बच्चे के नाम इरादा
दीवाली पे मिलने का घर आ,
तेल गर्म है
फुला देता है हर कण-कण
इबारत का
तैर जाती है जलेबी-सी
वियोगी दिल की तड़पन
सुर्ख होने लगती है पल-पल तपकर
खुलने लगते हैं रन्ध्र
फैलने लगती है प्यास
जज्ब कर लेती है आग जमाने भर की
छीछालेदर झेलती रहती है
तहों में पलती आस
जल्द आ जाए दीपावली काश!
घूम जाते हैं गाँव-छप्पर
तुतलाती पगडण्डियाँ ख्यालों में
बूढ़ी माँ और एक औरत
दीए-सी जलती उदास
जलती-बुझती रोआँ-रोआँ
काटती लम्हा-लम्हा बनवास
छान लेता है वक्त जैसे पोणी में
डूबी हर ज़र्रा चाहत की मिठास

तपन में रिसकर जलेबी की साध फल पाती
प्यार की चासनी लिखावट के बोल भर जाती
छूट न पाया यक्ष शहर से दीवाली पर
काम धन्धे के बखत छुट्टियों का क्या मतलब?
हाथ दुःख गए दिल का दर्द यह लिखते-लिखते
पहुँचने वाला हूँ बस और दो दिन तक
बख्शीश-जलेबियाँ-तनख्वाह लेकर।

दाशनगर की दीवार

दाशनगर में लोग दीवार पर बैठे हैं
वह एक रुकी हुई गाड़ी है।
प्लेटफॉर्म चलता है गाड़ियों से
उतरता है यात्रियों के साथ
दीवार उनके हाथ खींचकर
लाइनों से ऊपर उठा लेती है।
फिर इन्तजार करती है।
एक रुकी हुई गाड़ी है
दाशनगर में लोग गाड़ी का इन्तजार
करते हैं गाड़ी पर बैठकर।

दाशनगर का तालाब

दाशनगर में एक तालाब है
उसका पानी दिखता है गाड़ियों को
लड़कियाँ अपने छिपाए बदन खोल देती हैं
जवाकुसुम का झाड़ आश्वस्त करता है उन्हें।
यात्री अड़हुल के फूलों से
पुंकेसर के दाने उड़ा देते हैं
तालाब बहुत दूर तक
गाड़ी का पीछा करता है।

खुद दाशनगर

दाशनगर
बहुत ज्यादा दूर नहीं है,
उसका ढेला धर्मतल्ला गिरेगा।
वह केले और पावरोटी भेजता है
सोनागाछी और बहूबाजार में छोटी लड़कियों के अलावा।
उसके यहाँ जब कोई चीखता है
नलपुर तक सुनता है।

सुन्दरता

सुन्दरता तुम्हें अमर कर देगी
मुझे चित्रकार!
पेड़ों की सघन छाया को कविता की पहली तीन,
पंक्तियों की तरह गुनगुनाते
कम्पाउण्ड के बाहर हवा के आते
आँखों में लौट आई बादलों की जर्दी
रास्ते में ही मिल लेता बार-बार!!
सुन्दरता तुम्हें अमर कर देगी
मुझे चित्रकार!
वैसी ही घनी लकीरें दिल पर पड़तीं
जैसी तुम्हारी साड़ी पर/मैं नहीं जानता
ऐसी भी सरल कोई तस्वीर हो सकती है
जैसी तुम्हारी है
सूरजमुखी फूल घुँघराले केशों में सजा
उसी रंग की साड़ी गोरी बाँहों पर खेलती
तुम खुद जैसे सूरजमुखी का पौधा...
मैं कविता की पंक्तियाँ
होठों पर ले चल रहा
और तुम रंगों की
भविष्यवाणियाँ इसीलिए गलत हुईं कई बार!!
सुन्दरता तुम्हें अमर कर देगी
मुझे चित्रकार!!!

डूबी न रहो, रवीन्दर

जोंक-सी चिपकी हो भूतकाल से
क्या मिलेगा वहाँ से?

खून नहीं बहता मुर्दों में।
लौट आओ रवीन्दर! वर्तमान में।

कभी तो जीया करो!
इस तरह बीते वक्त में घुसी रहोगी,

लाश बन जाओगी।
चुँधिया लो आँखें अस्तगामी किरणों से अभी
डूब जाओ शाम

पर सुबह निकल भी तो आओ
वहीं डूबे रहने का फायदा भी क्या?

एकान्त आस-पास

घुल जाती है चीनी/दानों की सतह से
कॉफी में
चम्मच फेरते।
घुल जाती है खुशबू/तरल बूँदों की सतह से
धातु में
यादें फेरते।
फटे हुए अतीत के पर्दों से झाँकता है सूरज ढलते।

किरणें उगना चाहती हैं गोल मेज की सतह से
रजनीगन्धा की टहनी सरीखीं
जैसे तुम बैठी हो सामने बाँह धरे।
एक प्याले की ठण्डी भाप
बहुत-सी शामों की खुशबू औ' मिठास
फैला देती है पंखे की हवा के साथ
आस-पास।

ठण्ड की सुबह

सूरज आँच पकड़ रहा है कोने में
नींद से उठ देर से, ठण्ड की सुबह।
इस पार खड़े बस इन्तजारते जिस्म की छाया
सड़क पार पेड़ से मिल रही
सूनी सिकुड़ी लम्बाई है, ठण्ड की सुबह।
सूखे पत्तों की सुलगाहट कुरेद
नींद ढूँढ़ रहा बुड्ढा दरख्त के नीचे
सिर्फ कड़वा धुआँ उठता है धीरे-धीरे
बगान में खाँसने की आवाज
बलगम की भरभराहट बन डालियों में जम जाती
कुछ छूट चुका पीछे
कुछ चला आ रहा पीछे-पीछे
टहल रही है विधवा
कुहासे के कपड़ों में ठण्ड की सुबह।
करम के पत्तों पर आलस है
ठण्डायी चुप्पी है
अर्जुन अपनी गाँठें छुपाता
लजाता परेशान है
कोई ट्रक गुजर कर कँपा डालता है
हड्डियाँ तक ठण्ड की सुबह।
सामने की हवा चेहरे पर बर्फ की सलाखें घुसेड़ती
स्कूटर जो दूरी तय करता
हवा चौगुना करती उससे

धुन्ध में जो किरण घुसती
जम गई मौत मरती ठण्ड की सुबह।
सात ही हैं ताड़ के पेड़ अस्पष्ट-से
घेर कर तालाब को
छुपकर करेगा वध कुहासा
आकाश का ठण्ड की सुबह।
सूरज उठाता मैदान—गई औरतें
नाले के किनारे से
रिक्शे खड़े पुरातन अस्थि-पंजरों-से
झोंपड़ियाँ इग्लू-सी
उतर आई छह महीनों में से एक
ध्रुव की रात, ठण्ड की सुबह।

पौधे के पास

तुम्हारे आँगन से जो टहनियाँ बाहर
निकली हैं
उनके काँटे पोरों में चुभोऊँगा
बड़ी देर पूरे बदन रिसता रहूँगा
सहलाता पत्तियों को
छोटी-छोटी अधमुँदी पलकों-सी जो
एक पतले तन्तु के दोनों बगल
सोचती रहती हैं मेरी उँगलियों में!

जब तुम निकल आओगी
क्यारी की कद्दू-बेल
मटर-लतरों की तरफ
मैं अपनी हथेली पर सजा लूँगा
मेहँदी-सा उन्हें।
छुप जाता है दूर बादलों में कोई जहाज
उड़ान भरता मन-उकाब भी।

यहाँ इस अनजाने पेड़ तले
सुबहें गुजारता हूँ दफ्तर से पहले
नाम नहीं जानता,
न यह वृक्ष मेरा
न इस स्कूल की घण्टियाँ और बच्चे।

मुँदी पलकें जब जाग उठती हैं
काँटा चुभते
देह में फैलती सी-सी
ठण्डी फाहे-सी खिल उठती है।
आँगन से छूटती टहनियों-सी
जब तुम किसी पौधे के पास
आ बैठती हो।

आगन्तुक

बूढ़ी माँ,
इक जवान लड़की
और कौतूहल से उछलता एक बालक
आते हैं कारखाना देखने
वे हरी सीमा के बाहर चलते हैं।
सहमी लड़की फटी-फटी देखती है
शीशे कक्षों में बैठे लोगों को
उसके गाँव के
महन्ती बाबू का बेटा भी यहीं
अच्छा वेतन पाता है।
वह सुरक्षा टोपीधारी युवक को गौर करती है
उसके हाथ गैस की जीभ लहरती है
वह नजदीक से देखना चाहती है
खोए के थान का कुण्डल में लिपटना
पर माँ के साथ हो जाती है!
बच्चा हुलकता है विस्मय में
खड़ा हो जाता है
मूसलाधार बारिश से बादल उठाना
उसे अच्छा लगता है
लोहे का यूँ सीटी बजाना
उसे अच्छा लगता है
वह टोहकर देखना चाहता है
चक्के, कचरा, केबिन....सब कुछ

तभी कैडबरी चॉकलेट-सी
तह पर तह उछलती है लाल चादर की
जम जाती हैं लौह-लहरें
विशाल बेलन पीछे ढकेलते हैं उफान
चीत्कार करता है समन्दर
तीनों दूर हट जाते हैं।

रांची हिल

टेढ़े मेढ़े पथरीले रास्ते हैं जिन पर वाकई हवा
आसान नहीं चल सकती
यहाँ पेड़ों में घिरकर आदमी
कितना सुरक्षित महसूस करता है।

फूलों में
और बेशक इन चूये बुजुर्ग पत्तों में
इतना साहस नहीं कि वे किसी को
अपनी यादों से बेघर कर दें!

यहाँ आदमी चाहे खुले में
खाने का स्वाद तोड़ने आता हो
उसे अपने फेफड़ों में कौओं के अण्डे
सेने का मजा आता है

थोड़ा और ऊपर चढ़ने के लालच में वह
बनने वाले सार्वजनिक कुएँ की मानिन्द चुपा जाता है
यज्ञस्थल की लाल झण्डी की तरह
किसी शिला पर बैठ फरफराता है

वह सोचता है
और शहर के सीने में ऐसी खूबसूरत जगह पाकर
सोचने पर मजबूर हो जाता है

आओ, पेड़ों की कमर से इन कँटीली तारों को उतारते
पहाड़ी का एक पूरा चक्कर काट लें
आओ, हवा को देखें थोड़ा ऊपर चलकर
वह किस तरह सिर से कानों पर
साड़ी का पल्लू घुमाती है
किस तरह कहीं दूर से आनेवाली हवा
इन पेड़ों की होकर रह जाती है

राही को कहाँ खबर थी
यहाँ आएगा
उन्हें देखेगा जो पहले से मौजूद हैं
चोटी पर चढ़ेगा।
साँस-फूला
इमारतें देखेगा
झुग्गियाँ देखेगा!

नीचे देखेगा शहीदों ने जुल्म के खिलाफ खूँ बहाया
ऊपर देखेगा भगवान किस तरह
चार सूता छड़ जैसा
जंग खाता खामोश है!

किसी के यहाँ कोई मर गया तो दूर-दूर
खत लिखे जा रहे हैं
किसी के यहाँ कोई पैदा हुआ
तो पार्टी देकर जश्न मना रहे हैं

वहाँ खेतों के बीच कई कब्रें बनी हैं
सब मिट्टी के भांड़ हैं
टूट-टूटकर उसी में मिले जा रहे हैं
बाज मँडरा रहे हैं
घण्टियों से कुछ शब्द टूटते हैं
कुछ पुरोहित तोड़ता है

तेज धूप की गोद में हवा ठण्डी हो रही है
किसी के लिए दुआ माँगने की कोई खास जगह होती है?

ढाई सौ के पिल्ले के साथ आदमी निश्चय प्यार कर लेता है?

भगवान इतना कमजोर नहीं।
इसलिए इतनी ऊपर रहा है
रोज खाने पीने का सामान लेने नीचे जाता है?

हवा नहीं हाँफती इन सवालों पर
वह पेड़ों के कन्धों पर उछलती चली जाती है।

□□